聖書より見たる日本

中田重治

中田重治著

聖書より見たる日本

ホーリネス教會出版部發行

緒言

予《よ》は純福音《じゆんふくいん》の名《な》を以《もつ》て今《いま》も變《かは》らず主張《しゆちやう》して居《を》るところの教《をしへ》をば幾度《いくど》か本《ほん》に纏《まと》めて出版《しゆつぱん》いたしたく希《ねが》ふた事《こと》がある。しかし其度毎其《そのたびごとそれ》を躊躇《ちうちよ》し遂《つひ》に中止《ちゆうし》した。其理由《そのりいう》の一は生《うま》れ附《つき》の拙文《せつぶん》であるのと、なほ一は先輩《せんぱい》が立派《りつぱ》な本《ほん》を出《だ》して居《を》るので、何《なに》も事新《ことあたら》しく自分《じぶん》の名《な》を以《もつ》て出《だ》す必要《ひつえう》を認《みと》めないからである。されば今日《こんにち》に至《いた》るまで有名《いうめい》なる本《ほん》を譯出《やくしゆつ》したるのみで、予自《よみづか》らの著《ちよ》にかゝる本《ほん》とては一も出版《しゆつぱん》しなかつた。勿論同勞者達《もちろんどうらうしやたち》が予《よ》の説教《せつけう》を筆記《ひつき》して出版《しゆつぱん》したるものがあるが、あれは予《よ》の著書《ちよしよ》ではない。どうも此《この》點《てん》に關《くわん》しては、我《われ》ながら可笑《をか》しく思《おも》ふほど予《よ》は臆病《おくびやう》である。尤《もつと》も予《よ》は過去《くわこ》三十有餘年《いうよねん》の間曩《あひださき》には焔《ほのほ》の舌《した》といひ今《いま》はきよめの友《とも》といふ題《だい》で出《だ》して居《を》る新聞《しんぶん》には不文《ふぶん》を顧《かへり》みず執筆《しつぴつ》して來《き》た。これも好《この》んでやつて居《を》るのでなく、福音《ふくいん》の宣傳上止《せんでんじやうやむ》を得《え》ずしてやつて居《を》るのである。

しかし此度《こんど》は事情止《じじやうやむ》を得《え》ず本書《ほんしよ》を出版《しゆつぱん》したる次第《しだい》である。これは予《よ》が二十九年前《ねんぜん》より神《かみ》より與《あた》へられたる光《ひかり》をば近年《きんねん》一層明瞭《そうめいれう》にして戴《いたゞ》いたから、殊《こと》に聖徒《せいと》の携擧《けいきよ》の時《とき》も間近《まぢか》くなつたから、何《なに》はともあれ、日出《ひいづ》る國《くに》に於《おけ》る民族《みんぞく》の使命《しめい》につきて、今《いま》の時代《じだい》の人《ひと》にも來《きた》らんとする時代《じだい》の人《ひと》にも言遺《いひのこ》しておくべきものと信《しん》じて急《いそ》いで出版《しゆつぱん》したる次第《しだい》である。

其内容《そのないよう》は讀《よ》んで貰《もら》はなければ分《わか》らぬ。これは救《すく》はれたる日本人《にほんじん》の立場《たちば》から預言《よげん》の光《ひかり》を以《もつ》て見《み》たる日本《にほん》の事《こと》につきて記《しる》したるものであつて、他《た》に類《るゐ》の無《な》いものである。いづれ内外人《ないぐわいじん》から種々《しゆ〲》の批評《ひひやう》が出《で》る事《こと》であらふ。予《よ》は然《しか》らんことを望《のぞ》む者《もの》である。かくして日本《にほん》と日本人《にほんじん》の眞相《しんさう》が世界《せかい》の人《ひと》に知《し》れるならば實《じつ》に福《さいはひ》なる事《こと》である。

予《よ》は或人《あるひと》の如《ごと》く自國《じこく》を禮讃《らいさん》する餘《あま》り、何《なに》もかも贔負目《ひいきめ》を以《もつ》て見《み》る事《こと》はせない。勿論《もちろん》附會《こじつけ》の事《こと》は避《さけ》るやうにした。何故《なぜ》なればこれは預言《よげん》に關《くわん》する事《こと》で、主《しゆ》の再臨《さいりん》につける重大《ちゆうだい》なる事《こと》であるからである。予《よ》の主意《しゆい》は日本民族《にほんみんぞく》が主《しゆ》の再臨《さいりん》に關係《くわんけい》がある民《たみ》である事《こと》、殊《こと》に其《それ》に伴《ともな》ふユダヤ民族《みんぞく》の恢復《くわいふく》に親密《しんみつ》なる關係《くわんけい》ある事《こと》を見出《みいだ》したので、本書《ほんしよ》を著《あら》はす事《こと》になつたのである。

これに就《つい》ては英語《えいご》で書《か》かれた本《ほん》の中《うち》に參考《さんかう》になるものとては一もなく、邦人《はうじん》の手《て》で書《か》かれたものは多少《たせう》あるけれども、悉牽强附會《みなけんきやうふくわい》のもので、民族的自負心《みんぞくてきじふしん》の臭味《くさみ》あるものばかりで、此書《このしよ》もそれらと同視《どうし》せられんかとの嫌《きらひ》あるものばかりである。されば予《よ》としては深《ふか》く祈《いの》り、聖靈《せいれい》の御指導《ごしだう》をひたすら仰《あふ》いだのである。所說《しよせつ》のうちには獨斷的《どくだんてき》なものもあり、研究中《けんきうちゆう》のものもある。予《よ》はたゞこれが端緒《たんちよ》となりて、我民族《わがみんぞく》が其使命《そのしめい》を自覺《じかく》する一助《じよ》ともなるなれば、本書《ほんしよ》を著《あら》はしたる目的《もくてき》の一部《ぶ》を達《たつ》する事《こと》となるのであるから、予《よ》は衷心《ちうしん》より神《かみ》に感謝《かんしや》するものである。

本書《ほんしよ》は予《よ》の著《ちよ》として出《だ》してあるけれども、實《じつ》はこれも去《さ》る十一月《ぐわつ》二十三日《にち》より二十七日《にち》まで淀橋《よどばし》ホーリネス敎會《けうくわい》の催《もよほし》にかゝる聖會《せいくわい》に於《おい》て講演《かうえん》したるものを、筆記《ひつき》して貰《もら》ふたものである。しかし責任上《せきにんじやう》予《よ》の著《ちよ》としたのである。予《よ》の同勞者《どうらうしや》なる米田豐兄《よねだゆたかけい》、岡本文子《をかもとふみこ》姉《し》および尾崎喬《をさききやう》一兄等《けいたち》は非常《ひじやう》の努力《どりよく》で筆記《ひつき》してくれたもので、同兄姉《どうけいし》に厚《あつ》く感謝《かんしや》するものである。また上記《じやうき》の聖會《せいくわい》に出席《しゆつせき》せられたる人々《ひとぐ》は本書《ほんしよ》が普《あまね》く天下《てんか》に擴《ひろ》められんために、多額《たがく》の金《かね》をば出版費《しゆつぱんひ》にとて寄附《きふ》して下さつた事《こと》に對《たい》し感謝《かんしや》せざるを得《え》ない。願《ねがは》くは主《しゆ》の御導《おんみちびき》のもとに本書《ほんしよ》の目的《もくてき》が達《たつ》せらるゝやう祈《いの》るものである。

昭和七年十二月

中田重治識

目次

聖書より見たる日本

第一章　神《かみ》の攝理《せつり》

人の自由意志と神の豫定――神の攝理を知る法――一國の歷史及び地理に於ける神の攝理――各國各民族各々神より賦けられし使命あり――萬物は神の爲也――主權者の爲に祈るべし――政權を掌る者に警告す――民族の選擇と使命の自覺の必要――我日本の地理と歷史に表はれたる神の攝理――最近日本の世界的進出と神の時と神の旨――攝理の按配は凡の民が神を求むる爲め――我民族はキリストの再臨に關聯して使命あり――國民一人〳〵の目醒むべき必要――少數の聖潔の群の些かなる奉仕と使命の自覺の必要

『それ宇宙《うちう》と其中《そのなか》の萬物《あらゆるもの》を造《つく》り給《たま》へる神《かみ》は是天地《これてんち》の主《しゆ》なれば手《て》にて造《つく》れる殿《みや》に住《す》みたまはず、かつ衆人《すべてのもの》に生命《いのち》と氣息《いき》と萬物《よろづのもの》を予《あたへ》たまへば物《もの》に乏《とぼ》しきこととなし、人《ひと》の手《て》にて事《つかへ》らるゝものに非《あら》ず、またこの神《かみ》は凡《すべて》の民《たみ》を一の血《ち》より造《つく》り悉《ことごと》く地《ち》の全面《ぜんめん》に住《すま》はせ豫《あらか》じめ其時《そのとき》と住《すむ》ところの界《さかひ》とを定《さだ》めたまへり、此《こ》は人《ひと》をして神《かみ》を求《もと》めしめ彼等《かれら》が或《あるひ》は揣摩《さぐり》うる事《こと》あらん爲《ため》なり、然《され》ども神《かみ》は我儕《われら》各人《おの〳〵》を離《はな》るゝこと遠《とほ》からざる也《なり》』（使徒行傳第《しとぎやうでんだい》十七章《しやう》二十四節《せつ》より二十七節迄《せつまで》）

此聖書《このせいしよ》の言《ことば》によりて見《み》ると、初《はじ》め全能《ぜんのう》の神《かみ》は凡《すべて》の民《たみ》を一《ひと》つの血《ち》より造《つく》り、これを地《ち》の全面《ぜんめん》に住《すま》はせ、豫《あらか》じめ其時《そのとき》と住《す》むところの界《さかひ》とを定《さだ》め給《たま》ふたのである。

我等《われら》は人《ひと》の自由意志《じいうい し》を信《しん》ずると共《とも》に神《かみ》の豫定《よてい》をも信《しん》ずる。但《たゞ》し人《ひと》の自由意志《じいうい し》とは神《かみ》の豫定《よてい》の範圍内《はんゐない》に於《おい》てのみ用《もち》ひらるゝもので、神《かみ》の豫定《よてい》を超《こ》えては働《はたら》かぬ。一個人《いつこじん》に對《たい》しても、一民族《いちみんぞく》に對《たい》しても、或《あるひ》は又一國家《またいちこくか》に對《たい》しても、それ〳〵神《かみ》の豫定《よてい》の御計畫《ごけいくわく》があり、攝理《せつり》の御手《みて》がその上《うへ》に伸《の》ばされて居《を》る。故《ゆゑ》に個人《こじん》としても、團体《だんたい》としても、將《はた》また國民《こくみん》としても、此《こ》の神《かみ》の御旨《みむね》を辨《わきま》へ知《し》つて行動《かうどう》する事《こと》が最《もつと》も大切《たいせつ》な事《こと》で、それを悟《さと》らずに、唯成行《たゞなりゆき》に任《まか》せて事《こと》をなすならば必《かなら》ず失敗《しつぱい》に歸《き》する。されば我等《われら》個人《こじん》としても、我等《われら》が未《いま》だ此世《このよ》に生《うま》れ來《こ》ぬ前《まへ》より我等《われら》を知《し》つて居給《ゐたま》ふた神《かみ》の我等《われら》に對《たい》する聖旨《みむね》を辨《わきま》へて行動《かうどう》せねばならぬ。

一個人《いつこじん》としても、一國家《いちこくか》としても、その上《うへ》にある神《かみ》の攝理《せつり》、御計畫《ごけいくわく》或《あるひ》は聖旨《みむね》を知《し》るにはそれ〴〵方法《はうはふ》がある。即《すなは》ち聖書《せいしよ》の敎《をし》ふる所《ところ》と神《かみ》の攝理《せつり》による境遇《きやうぐう》、及《およ》びその人《ひと》或《あるひ》はその民族《みんぞく》を指導《しだう》する指導者《しだうしや》の受《う》けたる光《ひかり》によりて知《し》るのである。この正《たゞ》しき道《みち》によらず、唯自己《たゞじこ》の頭腦《づなう》より割出《わりだ》して事《こと》を行《おこな》はゞ、兎角《とかく》誤謬《ごびう》に陷《おちい》り易《やす》い。されば是《これ》は大《おほい》に警《いまし》むべき事《こと》である。此点《このてん》を注意《ちゆうい》せざれば萬事《ばんじ》を贔屓目《ひいきめ》に見《み》て自惚《うぬぼれ》に陷《おちい》るやうになる。

私《わたくし》は本講演《ほんかうえん》を爲《な》すに際《さい》し、些《いさゝ》かもかゝる自惚《うぬぼれ》や偏見《へんけん》に捕《とら》はるゝ處《ところ》なきやう切《せつ》に祈《いの》りつゝ之《これ》に當《あた》らんとするものである。

前記《ぜんき》の聖書《せいしよ》の言《ことば》によりて我等《われら》は神《かみ》が一《ひと》つの血《ち》より全民族《ぜんみんぞく》を造《つく》り、己《おの》れの旨《こゝろ》に從《したが》つて之《これ》を各處《かくしよ》に配置《はいち》なし、豫《あらかじ》め其時《そのとき》と住《す》むところの界《さかひ》とを定《さだ》め給《たま》ふた事《こと》を學《まな》んだが、人《ひと》は皆此光《みなこのひかり》を以《もつ》て自國《じこく》の歴史《れきし》や地理《ちり》を考《かんが》へて見《み》なければならぬ。一体《たい》一國《こく》の歴史《れきし》は只偶《たゞぐう》然《ぜん》に出來《でき》たものではない。その民族《みんぞく》なり國家《こくか》なりを指導《しだう》して居《ゐ》給《たま》ふ造主《つくりぬし》なる神《かみ》の御指《ごし》導《だう》の下《もと》に生《うま》れ出《い》でたものであることを知《し》らねばならぬ。かく見《み》る事《こと》が聖書的見方《せいしよてきみかた》である。又《また》その國《くに》の地理《ちり》を調《しら》べる時《とき》にも、その民《たみ》がその地《ち》を選《えら》んで住《す》むに至《いた》つた事情《じじやう》を單《たん》に偶然《ぐうぜん》に歸《き》して終《しま》ふべきではない。神《かみ》は其民族《そのみんぞく》の爲《ため》に其時《そのとき》と住《す》むところの界《さかひ》とを定《さだ》め給《たま》ふた。されば凡《すべて》を治《しろし》めす神《かみ》の見《み》えざる御手《みて》が動《うご》いて指導《しだう》し給《たま》ふたのだと見《み》るべきである。我等《われら》が此愛《このあい》する國土《こくど》に生《うま》れたのも神《かみ》の攝理《せつり》の然《しか》らしめた所《ところ》である。

扨《さ》て各國民《かくこくみん》は獨一《ひとり》の神《かみ》によつて一の血《ち》より造《つく》られたものであるが、此神《このかみ》は凡《すべて》の民族《みんぞく》にそれ〴〵なすべき使命《しめい》を授《さづ》けて居給《ゐたま》ふのである。その使命《しめい》を自覺《じかく》した民《たみ》は幸《さいはひ》であるが、これに反《はん》して此神《このかみ》の聖旨《みむね》を辨《わきま》へずに、只自己《たゞじこ》の欲《ほつ》する儘《まゝ》に行動《かうどう》して居《を》る民《たみ》は實《じつ》に氣《き》の毒《どく》なもので、彼等《かれら》は兎角過失《とかくくわしつ》をなすのである。されば前述《ぜんじゆつ》の如《ごと》く、聖書《せいしよ》の教《をしへ》や攝理《せつり》の境遇《きやうぐう》、竝《ならび》に指導《しだう》の立場《たちば》にある偉大《ゐだい》なる人物或《じんぶつあるひ》は預言者《よげんしや》によりて、その民族《みんぞく》が如何《いか》なるものなりや、又其使命《またそのしめい》は如何等《いかんとう》に就《つい》て知《し》る事《こと》は實《じつ》に大切《たいせつ》なる事《こと》である。私《わたくし》は今世界《いませかい》の凡《すべて》の民族《みんぞく》に對《たい》する使命《しめい》を一々列擧《れつきよ》する事《こと》は出來《でき》ない。是《これ》は本講演《ほんかうえん》の目的《もくてき》でもなく私《わたくし》に出來《でき》る事《こと》でもないが、唯神《たゞかみ》は此日本國民《このにほんこくみん》を今日《こんにち》まで如何《いか》に守《まも》り導《みちび》き給《たま》ふたか、又今後《またこんご》如何《いか》に導《みちび》き給《たま》ふであらふかといふ事《こと》を明《あきら》かにするのが本講演《ほんかうえん》の目的《もくてき》である。

さて前記《ぜんき》の聖言《みことば》より見《み》れば、我國民《わがこくみん》も神《かみ》の攝理《せつり》の御手《みて》に握《にぎ》られてかくあるといふ事《こと》は否定《ひてい》出來《でき》ない。今更《いまさら》にコロサイ書《しよ》一章《しやう》十五節《せつ》—十七節《せつ》をみると、

『彼《かれ》は人《ひと》の見《み》ることを得《え》ざる神《かみ》の狀《かたち》にして萬《よろづ》の造《つくら》れし物《もの》の先《さき》に生《うま》れし者《もの》なり、そは彼《かれ》によりて萬物《すべてのもの》は造《つく》られたり、天《てん》に在《あ》るもの地上《ちのうへ》に在《あ》るもの人《ひと》の見《み》ることを得《う》るもの見《み》る事《こと》を得《え》ざるもの、或《あるひ》は位《くらゐ》ある者《もの》あるひは主《しゆ》たる者《もの》あるひは政《まつりごと》を執《と》るもの或《あるひ》は權威《けんゐ》あるもの萬物《すべてのもの》かれに由《よ》りて造《つく》られたり、且《かつ》その造《つく》られたるは彼《かれ》が爲《ため》なり、彼《かれ》は萬物《すべてのもの》より先《さき》にあり萬物《すべてのもの》かれに由《より》て存《たも》つことを得《う》るなり』

とある。是《これ》によれば一切《いつさい》の造《つく》られしものは何《なに》の爲《ため》に存在《そんざい》するかゞ明白《めいはく》に示《しめ》してある。是《これ》を先《さき》の使徒行傳《しとぎやうでん》十七章《しやう》の引照《いんせう》と照《て》らし合《あは》せて見《み》れば、更《さら》に深《ふか》い意味《いみ》を悟《さと》る事《こと》が出來《でき》る。即《すなは》ち一個人《いつこじん》は無論《むろん》、一國《いつこく》の宰相《さいしやう》たる者《もの》、或《あるひ》は凡《すべ》て上《うへ》にありて權《けん》を掌《と》る者等《ものら》一切《いつさい》の

者《もの》は皆彼《みなかれ》の爲《ため》に造《つく》られたといふのである。されば我等《われら》は主權者《しゆけんじや》の爲《ため》にも、その政治《まつりごと》によつて王《わう》の王《わう》、君《きみ》の君《きみ》たる御方《おかた》が崇《あが》めらるゝやうに祈《いの》る者《もの》である。一個人《いつこじん》に於《おい》ても然《さ》うであるが、一國《いつこく》の政治《せいぢ》に於《おい》ても此神《このかみ》の聖旨《みむね》のならん事《こと》を祈《いの》らねばならぬ。一國《いつこく》の政《せい》治家《ちか》に冀《こひねが》ふ所《ところ》の事《こと》は、此造主《このつくりぬし》なる神《かみ》の聖旨《みむね》に合《かな》ふ政治《せいぢ》を布《し》かん事《こと》である。私《わたくし》は此事《このこと》を政府要路《せいふえうろ》の人々《ひと〴〵》に警告《けいこく》したい。もし然《しか》らずして唯自己《たゞじこ》の滿足《まんぞく》を得《え》んが爲《ため》に他《た》は如何《どう》なつても構《かま》はぬ、唯自分《たゞじぶん》さへよければよいといふ一種《いつしゆ》の帝國主義《ていこくしゆぎ》を以《もつ》て自國《じこく》の發展《はつてん》をのみを計《はか》り、他《た》をおしのけて行動《かうどう》するやうなる事《こと》があれば、神《かみ》は必《かなら》ず之《これ》を審判《さば》き給《たま》ふに違《ちが》ひない。然《しか》り、正義《せいぎ》の神《かみ》は決《けつ》してかゝる者《もの》の跋扈《ばつこ》を許《ゆる》し給《たま》はぬ。これ古來預言者《こらいよげんしや》達《たち》がその國《くに》に對《たい》して特《とく》に警告《けいこく》した事《こと》である。個人《こじん》も國家《こくか》も、其上《そのうへ》にありて指導《しだう》し給《たま》ふ神《かみ》の御心《みこゝろ》に添《そ》うて行動《かうどう》しなければならぬ。之《これ》を知《し》らずに我儘勝手《わがまゝかつて》な行動《かうどう》する者《もの》は遂《つひ》に横暴《わうばう》なる事《こと》をなして世界《せかい》の平和《へいわ》を紊《みだ》し、神《かみ》に逆《さから》ひ、遂《つひ》に聖書《せいしよ》に『義《ぎ》は國《くに》を高《たか》くし罪《つみ》は民《たみ》を辱《はづか》しむ』とある如《ごと》く、其民《そのたみ》は恥《はぢ》を受《う》けねばならなくなる。

聖書《せいしよ》に個人《こじん》の選擇《せんたく》に就《つい》て記《しる》してある所《ところ》がある。

『それ神我儕《かみわれら》をして其前《そのまへ》に聖《きよ》く疵《きず》なからしめん爲《ため》に世基《よのもとゐ》を置《お》かざりし先《さき》より我等《われら》をキリストの中《うち》に簡《えら》び、その意《こゝろ》のまゝにイエスキリストに由《より》て我儕《われら》を己《おのれ》の子《こ》と爲《な》さん事《こと》を豫《あらか》じめ定《さだ》めたり』（以弗所《エペソ》書第《しよだい》一章《しやう》四、五節《せつ》）

此神《このかみ》の選擇《せんたく》を自覺《じかく》して居《を》る者《もの》は實《じつ》に幸《さいはひ》である。聖靈《せいれい》によりて救《すく》はれ潔《きよ》められるなれば、自惚《うぬぼれ》ではなくして、眞《しん》に自分《じぶん》は神《かみ》より選《えら》ばれて居《を》る者《もの》である事《こと》を自覺《じかく》するに至《いた》るのである。一民族《みんぞく》としてもかくの如《ごと》く、神《かみ》の選擇《せんたく》を自覺《じかく》する事《こと》が出來《でき》たならば大《おほい》に幸《さいはひ》なる事《こと》である。神《かみ》が今迄《いままで》我等《われら》を指導《しだう》し給《たま》ふたといふ自覺《じかく》をもつ民族《みんぞく》は偉大《ゐだい》なる民《みん》族《ぞく》といはざるを得《え》ない。本講演《ほんかうえん》の目的《もくてき》は我民族《わがみんぞく》に此事《このこと》を自覺《じかく》せしめ、いかにもして愛《あい》する我同胞《わがどうばう》をして、此民族《このみんぞく》に與《あた》へられたる神《かみ》の使命《しめい》を辨《わきま》ふるに至《いた》らしめたいといふにある。是《これ》が私《わたくし》の切《せつ》なる願《ねがひ》である。

却說《さて》、我日本《わがにほん》は大陸《たいりく》から離《はな》れた島國《しまぐに》であるから、今日《こんにち》に至《いた》る迄《まで》他《た》の民族《みんぞく》に征服《せいふく》せらる丶事《こと》なくして來《き》た事《こと》は僥倖《げうかう》であるといふ者《もの》もあるが、我等《われら》聖書《せいしよ》の光《ひかり》を以《もつ》て見《み》る者《もの》は斯《かく》る環境《くわんきやう》に我民族《わがみんぞく》が置《お》かれて、他國《たこく》の侵略《しんりやく》を受《う》くる事《こと》がなかつた裏《うら》に、全能《ぜんのう》の神《かみ》の御保護《ごはご》を認《みと》め、これ神《かみ》が將來何事《しやうらいなにごと》かをなさしめんと此民族《このみんぞく》に期待《きたい》し、これに使命《しめい》を授《さづ》けて居給《ゐたま》ふ故《ゆゑ》である事《こと》を思《おも》ひ、日本《にほん》の地理《ちり》を學《まな》ぶに際《さい》しても一種云《しゆい》ふ事《こと》の出來《でき》ない莊《さう》嚴《ごん》の感《かん》を覺《おぼ》ゆるのである。神《かみ》は御攝理《ごせつり》の中《うち》に此民《このたみ》を二千五百年間導《ねんかんみちび》き育《そだ》て丶居給《ゐたま》ふたのである。

又歴史《またれきし》に於《おい》ても然《さ》うである。二千五百有余年《いうよねん》皇統連綿《くわうとうれんめん》として來《き》たのは決《けつ》して偶然《ぐうぜん》ではない。我歴史《わがれきし》をよく調《しら》べて見《み》れば、其處《そこ》に深《ふか》い神《かみ》の聖旨《みむね》のあつた事《こと》を思《おも》はざるを得《え》ない。過去《くわこ》に於《おい》て危險《きけん》なりし事《こと》もないではなかつたが、何時《いつ》も不思議《ふしぎ》に守《まも》られて、今《こん》日《にち》の强固《きやうこ》なる國家《こくか》の基礎《きそ》を据《す》えるに至《いた》つた事《こと》を思《おも》ひ浮《うか》ぶ時《とき》、何人《なんぴと》も神《かみ》の攝理《せつり》の然《しか》らしめた事《こと》を否定《ひてい》し得《え》まい。無神論者《むしんろんしや》や物質論者《ぶつしつろんしや》、反宗教者《はんしゆうけうしや》の連中《れんちゆう》はこんな事《こと》を云《い》へば笑《わら》ふであらうが、笑《わら》ふ者《もの》は笑《わら》へ、使徒行傳《しとぎやうでん》に凡《すべ》ての民《たみ》に豫《あらかじ》め時《とき》と住《す》む所《ところ》の界《さかひ》を定《さだ》め給《たま》へりとある。即《すなは》ち各民族《かくみんぞく》が各《おの／＼》其好《そのこの》みに從《したが》つて其地《そのち》に住《す》むに至《いた》つたものではなく、これは神《かみ》の配置《はいち》で、神《かみ》が各國《かくこく》の境界線《きやうかいせん》を定《さだ》め給《たま》ふたのである。神《かみ》の御言《みことば》こそは我等《われら》にとつて最《もつと》もよき解釋《かいしやく》を與《あた》へるものである。偶然《ぐうぜん》とは物質論者《ぶつしつろんしや》や神《かみ》を知《し》らぬ者《もの》のいふ事《こと》である。

此處《こゝ》に先《ま》づ神《かみ》は各民族《かくみんぞく》の爲《ため》に時《とき》をも定《さだ》めて居給《ゐたま》ふとある。私《わたくし》は曾《かつ》ては我日本《わがにほん》が千年《ねん》も前《まへ》に世界《せかい》の表《おもて》に顏《かほ》を出《だ》してゐたらば、今頃《いまごろ》は大《たい》した國家《こくか》になつてゐたのにと殘念《ざんねん》がつた事《こと》もあり、せめても三百年前《ねんぜん》に目醒《めさ》めて居《ゐ》たらばと思《おも》つた事《こと》もあるが、今《いま》はさうでない事《こと》が解《わか》つた。神《かみ》が深《ふか》い聖旨《みむね》の中《うち》に定《さだ》め給《たま》ふた時《とき》があつたのである。我國《わがくに》は今《いま》から七十年前《ねんぜん》より漸《やうや》く歐米人《おうべいじん》と交際《かうさい》する樣《やう》になつたばかりであるが、今日《こんにち》に至《いた》りて世界《せかい》の檜舞臺《ひのきぶたい》に活躍《くわつやく》する程《ほど》の隆盛《りゆうせい》を見《み》るやうになつたのは、誰《たれ》かが云《い》ふ如《ごと》くに、何某《なにがし》の外《ぐわい》交《かう》よろしきを得《え》た結果《けつくわ》でもなく、又《また》は軍人達《ぐんじんたち》の策戰《さくせん》が當《あた》つた爲《ため》でもない。神《かみ》の定《さだ》め給《たま》ふた時《とき》に及《およ》んで此處《こゝ》に至《いた》つたのである。即《すなは》ち攝理《せつり》の手《て》によつて世界《せかい》の表《おもて》におし出《だ》されたのである。何《いづ》れの國民《こくみん》にしても此《こ》の神《かみ》の定《さだ》め給《たま》ふた時至《ときいた》らぬに、無暗《むやみ》に世界《せかい》の表《おもて》に顔《かほ》を出《だ》さうと思《おも》ふべきでない。傳道書《でんだうしよ》には「凡《すべて》の事《こと》に時《とき》あり」とある如《ごと》く、萬事《ばんじ》に神《かみ》の定《さだ》め給《たま》ふた時《とき》がある。一國《いつこく》の興亡盛衰《こうばうせいすゐ》には皆《みな》それ〴〵時《とき》がある。神《かみ》の許《ゆるし》なくしては一羽《は》の雀《すゞめ》すら空《むな》しくは地《ち》に落《お》ちないとある。一國民《こくみん》が東西南北《とうざいなんぼく》に無暗《むやみ》に手《て》を延《の》ばして他國《たこく》を征服《せいふく》せんとしても、神《かみ》の許《ゆるし》なくしては出來《でき》ぬ。然《しか》るにそれを思《おも》はず、神《かみ》の許《ゆるし》なくして徒《いたづ》らに一種《しゆ》の帝國主義《ていこくしゆぎ》又《また》は所謂軍國主義《いはゆるぐんこくしゆぎ》の如《ごと》きものを以《もつ》て無暗《むやみ》に手《て》を延《の》ばすのであれば、神《かみ》はこれを抑壓《よくあつ》し給《たま》ふに相違《さうゐ》ない。然《しか》しこれに反《はん》して神《かみ》の聖旨《みむね》を辨《わきま》へ、之《これ》に服《ふく》して行動《かうどう》するのであれば、必《かなら》ずや神《かみ》の祝福《しゆくふく》を受《う》け、何人《なんぴと》と雖《いへど》も又何國民《またなにこくみん》と雖《いへど》も之《これ》を妨《さまた》ぐる事《こと》は出來《でき》ない。我等《われら》は此事《このこと》を思《おも》ふて此際我國《このさいわがくに》の爲《ため》に大《おほい》に祈《いの》らねばならぬ。徒《いたづ》らに自《みづか》ら事件《じけん》を惹起《ひきおこ》すのでなく、神《かみ》が我民族《わがみんぞく》に何《なに》をなさしめんとし給《たま》ふか、其大使命《そのだいしめい》を明《あきら》かに示《しめ》さるゝやう祈《いの》り求《もと》むべきである。

然《しか》らば神《かみ》が時《とき》と界《さかひ》とを定《さだ》め給《たま》ふたのは何《なに》の爲《ため》であるかといふに、前記使徒行傳《ぜんきしとぎやうでん》の其《その》次《つぎ》の節《せつ》にいつてあるやうに「此《こ》は人《ひと》をして神《かみ》を求《もと》めしめ、彼等《かれら》が或《あるひ》は揣摩《さぐり》うる事《こと》あらんが爲《ため》」である。凡《すべて》の民族《みんぞく》は皆此神《みなこのかみ》を探《さぐ》る處迄行《ところまでゆ》かねばならぬ。かのナポレオンは何《なに》が故《ゆゑ》に亡《ほろ》んだか。彼《かれ》が余《あま》りに自己《じこ》を信頼《しんらい》しすぎ、神《かみ》に榮《さかえ》を歸《き》せなかつた爲《ため》であつた。而《しか》も我等《われら》がさぐり求《もと》むべき神《かみ》とは普通《ふつう》に云《い》ふ神《かみ》ではなく、提多書《テトスしよ》二章《しやう》十一節《せつ》―十三節《せつ》に『夫《それ》すべての人《ひと》に救《すくひ》を賜《たま》ふ神《かみ》の恩《めぐみ》あらはれ、我儕《われら》を誡《いまし》め我儕《われら》をして神《かみ》を敬《うやま》はざる事《こと》と世《よ》の中《なか》の慾《よく》など棄《す》てゝ自《みづか》ら制《せい》し正《たゞ》しく且《かつ》虔《つゝし》みて今世《いまのよ》に存《なが》へ、望所《のぞむところ》の福《さいはひ》と大《おほい》なる神《かみ》すなはち我儕《われら》の救主《すくひぬし》イエスキリストの榮《さかえ》の顯《あら》はれん事《こと》を望待《のぞみま》たしむ』とある如《ごと》く、再臨《さいりん》のキリストである。即《すなは》ち天地《てんち》の造主《つくりぬし》なる神《かみ》の存在《そんざい》を知《し》り得《え》た事《こと》を以《もつ》て滿足《まんぞく》せず、諸《すべて》の民族《みんぞく》が目醒《めさ》めて大《おほい》なる神即《かみすなは》ち主《しゆ》イエスキリストを待《ま》ち、而《しか》も其來臨《そのらいりん》を早《はや》めんが爲《ため》に、無意識《むいしき》にもせよ有意識《いういしき》にもせよ、其爲《そのため》に盡《つく》す所《ところ》があれば大《おほい》なる幸福《さいはひ》である。私《わたくし》が本講演《ほんかうえん》に於《おい》て說《と》かんとして居《を》る結論《けつろん》を豫《あらか》じめいへば、我日本民族《わがにほんみんぞく》は主《しゆ》イエスの再臨《さいりん》と其《それ》に關聯《くわんれん》するイスラエルの恢復《くわいふく》に關《くわん》して使命《しめい》があるといふ事《こと》である。神《かみ》は我國民《わがこくみん》に大《おほい》なる使命《しめい》を與《あた》へてゐ給《たま》ふ。勿論《もちろん》日本國民《にほんこくみん》だけが獨《ひと》り使命《しめい》を擔《にな》つて居《を》るといふのではなく、他《た》の國民《こくみん》もそれ〴〵神《かみ》の御思召《おぼしめし》によりてなすべき事《こと》が定《さだ》められて居《を》るには違《ちが》ひないが、其《それ》は今私《いまわたくし》のいふべき所《ところ》ではない。

聖書《せいしよ》の中《なか》には惡魔《あくま》の手先《てさき》に使《つか》はれる惡役《あくやく》をなす民《たみ》もある事《こと》が記《しる》してある、イスラエルを懲《こら》しむる杖《つゑ》として特《とく》に神《かみ》のたて給《たま》ふた民族《みんぞく》があつた事《こと》も錄《しる》されて居《を》る。然《しか》し私《わたくし》の調《しら》べた所《ところ》によれば、我日本國民《わがにほんこくみん》は世界《せかい》の平和《へいわ》を亂《みだ》すやうな者《もの》としては錄《しる》されて居《を》らぬ。かくあつて欲《ほ》しい。却《かへつ》て神《かみ》は今後《こんご》攝理《せつり》の中《うち》に此國民《このこくみん》を大《おほい》に用《もち》ひんとしてゐ給《たま》ふ事《こと》を知《し》るのである。

然《しか》らば民族全体《みんぞくぜんたい》に使命《しめい》が與《あた》へられて居《を》るとしても、自分《じぶん》如きは關係《くわんけい》がないとして等《とう》閑《かん》に附《ふ》して置《お》いてよいかといふに、民族全体《みんぞくぜんたい》に與《あた》へられた使命《しめい》を果《はた》すには、國民一人《こくみんひとり》一人《びとり》が目醒《めさ》めなければならぬ。無論《むろん》民族全体《みんぞくぜんたい》が此事《このこと》の爲《ため》に目《め》さむる事《こと》を望《のぞ》むが、その前《まへ》に寶血《ちしほ》を以《もつ》て贖《あがな》はれた此國《このくに》の聖徒達《せいとたち》がこの使命《しめい》の爲《ため》に一致結合《いつちけつがふ》、蹶起《けつき》せられん事《こと》を願《ねが》ふものである。歴史《れきし》を見《み》れば古來國家《こらいこくか》はその國民《こくみん》の大多數《だいたすう》によりて動《うご》かされず、其《その》國《くに》なり民族《みんぞく》なりの使命《しめい》を自覺《じかく》した少數《せうすう》の人々《ひとびと》によりて率《ひき》ゐられて來《き》たのである。イギリスを十八世紀《せいき》の腐敗《ふはい》と墮落《だらく》より救出《すくひだ》したものは彼《か》のウエスレーの起《おこ》したメソヂストの群《むれ》であつた。是《これ》を思《おも》ふ時《とき》、我等《われら》は日本《にほん》に於《お》ける少數《せうすう》の者《もの》であるが、此民族《このみんぞく》に與《あた》へられし大使命《だいしめい》に醒《さ》めて、其使命《そのしめい》を果《はた》し得《う》るやう、切《せつ》に祈《いの》らねばならぬ。

今切《いませつ》に主《しゆ》の再臨《さいりん》を翹望《げうぼう》しつゝイスラエル回復《くわいふく》の爲《ため》に祈《いの》り盡《つく》して居《を》るものは、我國《わがくに》の全人口《ぜんじんこう》から云《い》へば目《め》にも止《とま》らぬ程《ほど》の少數《せうすう》の聖潔派《きよめは》であるが、我等《われら》がなして居《を》る事《こと》は冷《ひや》やかなる水《みづ》一杯《ぱい》を與《あた》へるやうな事《こと》に過《す》ぎぬが、これがやがて全日本《ぜんにほん》に神《かみ》の祝福《しゆくふく》をよび下《くだ》す事《こと》となる事《こと》を思《おも》ふて感謝《かんしや》に滿《み》ちて居《を》る。

我等《われら》は他《た》の者《もの》の有《も》たぬ再臨《さいりん》の光《ひかり》を與《あた》へられ、他《た》の者《もの》の知《し》らぬ智識《ちしき》をもつ事《こと》を許《ゆる》され、他《た》の者《もの》に愈《まさ》りて特別《とくべつ》の使命《しめい》を賦《さづ》けられた事《こと》を感謝《かんしや》せねばならぬ。此時代《このじだい》に此國《このくに》に生《うま》れた事《こと》は神《かみ》の攝理《せつり》の中《うち》にあつて偶然《ぐうぜん》の事《こと》でない。何卒各自使命《なにとぞかくじしめい》を自覺《じかく》して大《おほい》に祈《いの》りたい。

第二章　不思議《ふしぎ》なる民《たみ》

東より登る天使――日本に關する預言――お伽話的存在なりし日本――文明を消化吸收する不思議なる民――偉大なるは體格よりも頭腦――繁殖力旺盛なる民――各國の危險視する民――軍事上に於ける優越――日清日露兩戰役に於ける大勝――カイゼルの黄禍論――獨逸の東洋政策と其失敗――白人優越感保持の苦心――世界は廻り持ち――文明、傳道、金融に於て――世界のスフインクス――必ずしも二千五百年の歷史の故に非ず――宣教歷史に於ける異數の進步――ホーリネス人の自覺を促す

『此後《このゝち》われ四人《よたり》の天使《てんのつかひ》地の四隅《すみ》に立《た》ちて地《ち》の四方《はう》の風《かぜ》を援《ひき》とめ、地《ち》の上《うへ》にも海《うみ》の上《うへ》にも樹《き》の上《うへ》にも風《かぜ》を吹《ふ》かせざるを見《み》たり、又此《またこ》の他《ほか》に一人《ひとり》の天使《てんのつかひ》活《いけ》る神《かみ》の印《いん》を持《も》ちて東《ひがし》より登《のぼ》り來《きた》るを見《み》たり、此使者《このつかひ》かの地《ち》と海《うみ》を傷《そこな》ふ事《こと》を許《ゆる》されたる四人《よたり》の使者に向《むか》ひて大聲《おほごゑ》に呼《よば》はり、我儕《われら》の神の僕《しもべ》の額《ひたひ》に我儕《われら》が印《いん》するまでは地《ち》をも海《うみ》をも樹《き》をも傷《そこな》ふ可《べか》らず』（默示錄第七章《もくしろくだいしやう》）

節より三節)

此《この》「東《ひがし》より登《のぼ》り來《きた》る天使《てんのつかひ》」とは日本國民《にほんこくみん》を指《さ》すとは、私《わたくし》が屢《しば〳〵》說《と》いて來《き》た事《こと》である。「東《ひがし》」とは希臘語《ギリシヤご》でアナトレーといふ言《ことば》で、日出《ひい》づる所《ところ》といふ意味《いみ》である。是《これ》は日《に》本《ほん》を指《さ》すのではなからうかとは余程《よほど》以前《いぜん》から考《かんが》へて來《き》たが、是《これ》は確《たしか》に日本《にほん》に關《くわん》する預《よ》言《げん》であると今《いま》は明言《めいげん》する。將來此預言《しやうらいこのよげん》が必《かなら》ず實現《じつげん》する。然《しか》し今《いま》は先《ま》づ演繹的《えんえきてき》でなく、歸納的《きなふてき》に日本國民《にほんこくみん》が不思議《ふしぎ》なる國民《こくみん》である事《こと》を說《と》く事《こと》にする。

我日本民族《わがにほんみんぞく》が世界《せかい》の舞臺《ぶたい》に表《あら》はれ出《いで》たのは、僅《わづ》か六七十年前《ねんぜん》からに過《す》ぎぬ。日清戰爭後《につしんせんさうご》私《わたくし》は米國《べいこく》に行《い》つた時《とき》、米國人《べいこくじん》より日本《にほん》は支那《しな》の一部《ぶ》かとか、支那《しな》より獨立《どくりつ》したかとかいふ事《こと》を、而《しか》も書物《しよもつ》を讀《よ》んで居《を》る人《ひと》からさへ眞面目《まじめ》に問《と》はれて、こうも無智識《むちしき》かと驚《おどろ》いた事《こと》である。支那《しな》に就《つい》ては聖書《せいしよ》の中《なか》の以賽亞書《イザヤしよ》にシニムとして名《な》の出《で》て居《お》る位《くらゐ》で、余程舊《よほどふる》くから世《よ》に知《し》られて居《ゐ》たが、日本《にほん》に就《つい》ては一向《かうよ》世《よ》に知《し》られて居《ゐ》なかつた。支那《しな》の元《げん》の時代《じだい》にマルコポロといふ人《ひと》が日本《にほん》の事《こと》を調査《ちようさ》し、本國《ほんごく》に歸《かへ》つてから東方《とうはう》に支那《しな》の近《ちか》くに日本《にほん》といふ國《くに》があつて、黄金《わうごん》が砂利《じやり》のやうに腐《くさ》る程《ほど》あるなどと傳《つた》へたものである。其後《そのご》かのアメリカを發見《はつけん》したコロンブスは實《じつ》は此日本《このにほん》を探《さが》しに來《き》たのだといふ說《せつ》がある。彼《かれ》はアフリカの喜望峰《きはうはう》を廻《まは》つて日本《にほん》に來《く》るには余《あま》りに遠《とほ》いから、東《ひがし》へ〳〵と行《ゆ》く代《かは》りに西《にし》へ〳〵と向《むか》つて憧憬《あこがれ》の國《くに》を目指《めざ》して冒險的航海《ばうけんてきかうかい》を企《くはだ》てたのだといふ。（此《この》コロンブスが猶太人《ユダヤじん》であつた事《こと》は注意《ちゆうい》すべき事《こと》である）。此傳說《このでんせつ》の眞僞《しんぎ》は兎《と》もあれ、かく日本《にほん》は三百年前迄《ねんぜんまで》はお伽話的存在《とぎばなしてきそんざい》に過《す》ぎなかつたが、漸《やうや》くにして七十年前《ねんぜん》より世《よ》に出《いで》たのである。

初《はじめ》は日本人《にほんじん》は物眞似《ものまね》が上手《じやうず》だからとて、東洋《とうやう》の猿《さる》だといはれた程《ほど》であるが、次第《しだい》に不思議《ふしぎ》なる民《たみ》たる事《こと》を認《みと》めらるるに至《いた》つた。それは日本人《にほんじん》は西洋各國《せいやうかくこく》の思想《しさう》なり文明《ぶんめい》なり、何《なん》でも之《これ》を取《と》つて自家藥籠中《じかやくらうちゆう》のものにする力《ちから》があるといふ事《こと》を世界《せかい》の人《ひと》が知《し》つたからである。我等《われら》は自惚《うぬぼれ》でこんな事《こと》をいふのでない。事實世界《じじつせかい》の人々《ひと〴〵》が驚異《きやうい》の眼《め》を見張《みは》つて日本人《にほんじん》を見《み》、筆《ふで》に口《くち》に其事《そのこと》をいつて居《を》るのである。一体如何《たいいか》なる人民《じんみん》でも文《ぶん》明《めい》に接觸《せつしよく》すれば進歩《しんぽ》するのかといへば、必《かなら》ずしも然《さ》うとはいへぬ。アフリカ人《じん》は五百年前《ねんぜん》、即《すなは》ち十五世紀《せいき》の初《はじめ》よりポルトガルを始《はじ》めとして歐洲《おうしう》の文明《ぶんめい》に觸《ふ》れたが、少《すこ》しも進歩《しんぽ》して居《を》らぬ。印度《インド》にしても支那《しな》にしても、我等《われら》日本人《にほんじん》より遙《はる》かに早《はや》くより西洋文明《せいやうぶんめい》に接《せつ》して來《き》たが、其割《そのわり》に進歩《しんぽ》して居《を》らぬ。彼等《かれら》は文明《ぶんめい》を咀嚼《そしやく》するに至《いた》らなかつたのである。然《しか》るに我《わが》日本人《にほんじん》に至《いた》つては、一度《たび》文明《ぶんめい》に接《せつ》するや其《それ》を消化吸收《せうくわきふしう》する事《こと》に於《おい》て確《たし》かに驚《おどろ》くべきものがある。是《これ》は自惚《うぬぼれ》をいふのではなく、事實《じじつ》である。

然《しか》らば我々《われ〳〵》日本人《にほんじん》が體格《たいかく》に於《おい》て立派《りつぱ》なのかといへば、如何《いか》に贔負目《ひいきめ》に見《み》ても然《さ》うはいへぬ。外國《ぐわいこく》を旅行《りよかう》する時《とき》、我々《われ〳〵》日本人《にほんじん》の體格《たいかく》の貧弱《ひんじやく》な事《こと》には實際情《じつさいなさけ》なく感《かん》ずる。然《しか》し體格《たいかく》がよいから、身長《みのたけ》が高《たか》いからとて優生學上優秀《いうせいがくじやういうしう》の人種《じんしゆ》だとはいへぬ。南米《なんべい》の南方《なんぱう》なるパタゴニヤに行《ゆ》くと、女《をんな》でも六尺以下《しやくいか》の者《もの》は居《ゐ》ないといふ程《ほど》の大《おほ》きな體格《たいかく》を所持《しよじ》して居《を》るが、體格《たいかく》はよく骨格《こつかく》は立派《りつぱ》でも智識《ちしき》に欠《か》けて居《を》り、現《げん》にかの民《たみ》は段々衰微《だん〳〵すゐび》しつゝある。又先年私《またせんねんわたくし》はニユーゼーランドのマオリ人《じん》の所《ところ》に招《まね》かれて行《い》つた事《こと》があるが、此《この》マオリ人《じん》も今尚《いまなほ》偉大《ゐだい》なる體格《たいかく》をもつて居《を》るが、昔《むかし》は身長《しんちやう》が八尺《しやく》もあつたといふ。然《しか》し偉大《ゐだい》なる體格《たいかく》の所有者《しよいうしや》が必《かなら》ずしも偉大《ゐだい》なる人種《じんしゆ》又《また》は人物《じんぶつ》ではない。體格《たいかく》よりも頭腦《づなう》によりて偉大《ゐだい》であるか否《いな》かが決定《けつてい》する。日本人《にほんじん》が歐米人《おうべいじん》に比《ひ》して體軀《たいく》矮小《わいせう》である事《こと》は爭《あらそ》へないが、此體格《このたいかく》に於《おい》て貧弱《ひんじやく》なる我日本人《わがにほんじん》が今《いま》や世界《せかい》の表《おもて》に出《いで》て、智識《ちしき》に於《おい》ても技藝《ぎげい》に於《おい》ても、殊《こと》に軍事上《ぐんじじやう》に於《おい》て少《すこ》しもひけを取《と》らずに、堂々《だう〳〵》と世界《せかい》の人《ひと》を相手《あひて》にして一歩《ぽ》も讓《ゆづ》らず、グン〳〵やつて行《い》つて居《を》るのは實《じつ》に驚《おどろ》くべきものではないか。確《たしか》に之《これ》は不思議《ふしぎ》な人民《じんみん》であるといつても過言《くわごん》ではあるまい。啻《たゞ》に歐米人《おうべいじん》がかくいふからでなく、日本人自身此事《にほんじんじしんこのこと》を認《みと》めて居《を》るのである。

更《さら》に又繁殖力《またはんしよくりよく》の旺盛《わうせい》なる点《てん》に於《おい》ても、日本人《にほんじん》は猶太人《ユダヤじん》や獨逸人《ドイツじん》と共《とも》に世界中屈指《せかいちゆうくつし》の人種《じんしゆ》である。元來民族《ぐわんらいみんぞく》の盛衰《せいすゐ》は其繁殖力《そのはんしよくりよく》の强弱《きやうじやく》と正比例《せいひれい》するもので、繁殖力《はんしよくりよく》の盛《さかん》なる民族《みんぞく》は必《かなら》ず盛《さか》んになり、繁殖力《はんしよくりよく》が衰《おとろ》へると其國民《そのこくみん》は衰《おとろ》へる。此意味《このいみ》からいつても産兒制限《さんじせいげん》など以《もつ》ての外《ほか》である。今猶太人《いまユダヤじん》の事《こと》をいつたから序《ついで》にいへば、猶太人《ユダヤじん》は身長《みのたけ》も日本人《にほんじん》と同《おな》じ位《くらゐ》の、風采《ふうさい》も上《あが》らぬ人種《じんしゅ》であるが、繁殖力《はんしょくりょく》の旺盛《わうせい》なるのみならず、又驚《またおどろ》くべき頭腦《づなう》の持主《もちぬし》である。今日世界第一《こんにちせかいだい》の富豪《ふがう》は猶太人《ユダヤじん》であるが、更《さら》に學者《がくしゃ》、思想家《しさうか》、美術家等皆世界第一《びじゅつかとうみなせかいだい》の者《もの》を輩出《はいしゅつ》して居《を》る。日本《にほん》に於《おい》ては世界的《せかいてき》の發明家《はつめいか》などないではないが、大《だい》なる學者《がくしゃ》、大《だい》なる思想家等《しさうかとう》は今後《こんご》に見《み》るべきである。無論思想界學《むろんしさうかいがく》術界《じゅつかい》に隨分立派《ずいぶんりっぱ》な人《ひと》も出《で》て居《を》るが、未《いま》だ世界的《せかいてき》に充分《じゅうぶん》と迄《まで》は行《い》つて居《ゐ》ない。然《しか》し現《げん》に世界《せかい》の表《おもて》に出《で》て、世界《せかい》の人《ひと》と堂々拮抗《だうだうきつかう》して行《ゆ》くだけの素質《そしつ》を有《いう》して居《を》る事《こと》は明白《めいはく》である。唯意志《たゞいし》が強《つよ》いとか、我慢強《がまんづよ》いといふだけではない。實際《じっさい》一歩《ぽ》も讓《ゆづ》らずにやつて居《を》るのである。近頃《ちかごろ》の外交上《ぐわいかうじやう》の事《こと》を見《み》ても然《さ》うではないか。世界《せかい》の人《ひと》を相手《あひて》に堂々《だうだう》と爭《あらそ》つて居《を》る。唯鼻息《たゞはないき》が強《つよ》いといふだけではない。我等《われら》は之《これ》を國民的自負心《こくみんてきじふしん》から誇《ほこ》るのでなく、世界《せかい》の人《ひと》が等《ひと》しく驚異《きやうい》の眼《め》を以《もつ》て見張《みは》つて居《を》る故《ゆゑ》、斯《か》くいふのである。

今迄《いままで》は世界《せかい》の人々《ひとびと》は日本人《にほんじん》を賤《いや》しめて排斥《はいせき》したものであるが、今日《こんにち》に於《おい》ては此人種《このじんしゅ》は驚《おどろ》くべき人種《じんしゅ》であるとて底氣味惡《そこぎみわる》く感《かん》じ、之《これ》を危險視《きけんし》して排斥《はいせき》するやうになつた。

米國《べいこく》に於《お》ける排日《はいにち》にしても然《さ》うである。斯《か》る人種《じんしゆ》にドシ〱入《はい》られては國《くに》の將來《しやうらい》が危《あや》ぶまれるといふ懸念《けねん》から起《おこ》つた事《こと》である事《こと》は確《たし》かである。オーストラリヤでも排斥《はいせき》せられて居《を》るが、勞働賃銀《らうどうちんぎん》が安《やす》いからとて排斥《はいせき》したのは昔《むかし》の事《こと》で、今《いま》は此民《このたみ》は立派《りつぱ》な頭《づ》腦《のう》の持主《もちぬし》で、其技量《そのぎりやう》に於《おい》て到底對抗出來《たうていたいかうでき》ぬといふ處《ところ》から、日本《にはん》の勞働者《らうどうしや》の入國《にふこく》を拒《ふせ》ぐやうになつたのである。日本《にはん》は年々歳々《ねん〱さい〱》進歩《しんぽ》して行《ゆ》くので、各國《かくこく》は油斷《ゆだん》して居《を》られぬと警戒《けいかい》するやうになつたのである。

軍事上《ぐんじじやう》に於《おい》ても然《さ》うである。支那《しな》との戰爭《せんさう》の時《とき》に、世界《せかい》の人々《ひと〲》は支那《しな》は大國《たいこく》である故《ゆゑ》屹度《きつと》日本《にはん》が敗《やぶ》られるに違《ちが》ひないと思《おも》つて居《ゐ》たが、豈圖《あにはか》らんや大國支那《たいこくしな》が敗《やぶ》れて日本《にはん》が大勝利《だいしようり》を博《はく》した。然《しか》し是《これ》は黄色人種同志《くわうしよくじんしゆどうし》の爭《あらそひ》であつたからで、如何《いか》に日本《にはん》強《つよ》しと雖《いへど》も白色人《はくしよくじん》には敵《かな》ふべくもあるまいと、高《たか》をくゝつて居《ゐ》た處《ところ》、次《つぎ》の日露戰爭《にちろせんさう》に於《おい》て露西亞《ロシヤ》に對《たい》しても大勝利《だいしようり》を得《え》たので、日本侮《にはんあなど》る可《べか》らずと世界《せかい》の人《ひと》から驚異《きやうい》と恐怖《きようふ》の眼《め》を以《もつ》て見《み》られ出《だ》した。初《はじ》め獨逸《ドイツ》のカイザルは露西亞《ロシヤ》のザーの尻《しり》をつゝいて黄色人種《くわうしよくじんしゆ》恐《おそ》るべし決《けつ》して油斷《ゆだん》はならぬぞと、頻《しき》りに黄禍論《くわうくわろん》を唱《とな》へて露西亞《ロシヤ》が西《にし》に向《む》けて居《ゐ》た顔《かほ》を東《ひがし》に向《む》き轉《か》へさせ、其間《そのあひだ》にカイザルは歐洲大戰《おうしうたいせん》の準備《じゆんび》をして居《ゐ》たのであるが、日露《にちろ》戰爭《せいさう》に於《おい》て露西亞《ロシヤ》が負《ま》けて果《はた》して日本《にほん》は尋常《じんじやう》一様《やう》の民族《みんぞく》でない事《こと》が世界《せかい》に證據立《しようこた》てられて來《き》たので、何《なん》とかして其日本《そのにほん》を壓《おさ》へつけたいと思《おも》ふものゝ、獨逸《ドイツ》には東洋《とうやう》に於《おい》て根據地《こんきよち》をもつて居《を》らぬ、然《しか》し何《なん》とかして之《これ》に對《たい》して備《そな》へねばならぬと思《おも》つて居《ゐ》た矢先《やさき》、支那《しな》に於《おい》て獨逸《ドイツ》の宣教師《せんけうし》が殺《ころ》されたのを機會《きくわい》に、之《これ》によき口實《こうじつ》を得《え》て有無《うむ》を言《い》はさず膠州灣《かうしうわん》を占領《せんりやう》して終《しま》つたのである。これは支那《しな》に對《たい》する復讐《ふくしう》といふよりも、實《じつ》は日本《にほん》に對《たい》して備《そな》へんが爲《ため》に外《ほか》ならなかつたのである。更《さら》に太平洋中《たいへいやうちゆう》の彈丸黒子《だんぐわんこくし》の島《しま》を手《て》に入《い》れて其處《そこ》に根據《こんきよ》を据《す》えたのも亦此目的《またこのもくてき》の爲《ため》であつた。然《しか》るに何《なん》たる神《かみ》の配劑《はいさい》ぞ、獨逸《ドイツ》は歐洲大戰《おうしうたいせん》の結果《けつくわ》あのやうな敗北《はいぼく》をなし、日本《にほん》は折角獨逸《せつかくドイツ》が占領《せんりやう》した青島《せいとう》を占領《せんりやう》して膠州灣《かうしうわん》を受《う》け嗣《つ》ぐ事《こと》になつた。米國《べいこく》も愈々《いよ〳〵》日本人《にほんじん》恐《おそ》るべしと考《かんが》へるやうになり、日本《にほん》に對《たい》して何《なん》とかせねばならぬやうに思《おも》ふに至《いた》つた。其處《そこ》へ先《さき》に獨逸《ドイツ》が露西亞《ロシヤ》の後押《あとおし》をした如《ごと》く、今《いま》や英國《えいこく》が米國《べいこく》をつゝいて日本《にほん》に對《たい》して何《なん》とか嘴《くちばし》を入《い》れさせて居《を》る。其煽動《そのせんどう》に乘《の》つてスチムソンが太平洋《たいへいやう》に艦隊《かんたい》を廻《まは》して演習《えんしふ》をしたりなどして居《を》るのである。

然《しか》らば何《なに》が故《ゆゑ》にかくも世界各國《せかいかくこく》の白人種《はくじんしゆ》が何《なん》とかして黄色人種《くわうしよくじんしゆ》の代表《だいへう》ともいふべき日本《にほん》を壓《おさ》へつけようとするのか。是《こ》れ彼等《かれら》が抱《いだ》いて居《を》る白人優越主義《はくじんいうえつしゆぎ》(White Superiority)を敗《やぶ》られまいとの努力《どりよく》に外《ほか》ならないのである。然《しか》し神《かみ》は世界《せかい》の人《ひと》を平等《びやうどう》に愛《あい》し給《たま》ふ。神《かみ》に依怙《えこ》贔負《ひいき》はない。色《いろ》が白《しろ》からうが黑《くろ》からうが乃至《ないし》は黄《き》ばんで居《を》らうが、神《かみ》はそんな事《こと》によりて區別《くべつ》し給《たま》はぬ。世界《せかい》は廻《まは》り持《もち》である。昔《むかし》は埃及《エヂプト》やバビロン等《など》の如《ごと》き黑色人種《こくしよくじんしゆ》から文明《ぶんめい》が生《うま》れ、次《つぎ》に白色人種《はくしよくじんしゆ》が其《それ》を受嗣《うけつ》いで來《き》たが、今《いま》や銀色人種《ぎんしよくじんしゆ》ならぬ黄金色人種《わうごんしよくじんしゆ》が榮《さか》ゆる順番《じゆんばん》であるかも知《し》れぬ。傳道《でんだう》に於《おい》ても同樣《どうやう》で、初《はじめ》はエテオピア人《じん》の如《ごと》き黑色人種《こくしよくじんしゆ》が用《もち》ひられ、次《つぎ》に白色人種《はくしよくじんしゆ》によりて福音《ふくいん》が宣傳《のべつた》へられたが、神《かみ》は今《いま》や黄色人種《くわうしよくじんしゆ》に使命《しめい》を賦《さづ》けて用《もち》ひんとして居給《ゐたま》ふと思《おも》はれる。强《あなが》ち黄色人種《くわうしよくじんしゆ》が偉《えら》いからではなく、萬物《ばんぶつ》を支配《しはい》し給《たま》ふ神《かみ》が崇《あが》められ給《たま》はんが爲《ため》に、今《いま》や黄色人種《くわうしよくじんしゆ》の上《うへ》に神《かみ》の御手《みて》が置《お》かれてあるのである。世界《せかい》の金融《きんゆう》の中心《ちゆうしん》にしても亦西《またにし》へ〳〵と移《うつ》つて行《ゆ》き、歐洲大陸《おうしうたいりく》から倫敦《ロンドン》に移《うつ》り、其《それ》より紐育《ニーヨーク》に移《うつ》つたが、今度《こんど》は東京《とうきやう》か上海《シヤンハイ》に移《うつ》るかも知《し》れず、遂《つひ》にはいづれにしてもエルサレムに移《うつ》つて行《ゆ》くのである。萬事《ばんじ》は然《さ》ういふ風《ふう》になつて居《を》るのである。神《かみ》は今《いま》や黄色人種《くわうしよくじんしゆ》を用《もち》ひんとして居給《ゐたま》ふ。素質《そしつ》がよいからといふよりも、神《かみ》の深《ふか》き攝理《せつり》の中《うち》にかく運《はこ》ばれて居《を》る事《こと》を知《し》らねばならぬ。今世界《いませかい》の金權《きんけん》を掌握《しやうあく》して世界《せかい》の金融《きんゆう》の中心《ちゆうしん》となつて居《を》る猶太人《ユダヤじん》は今《いま》や安全地帶《あんぜんちたい》を求《もと》めて諸方《しよはう》に移動《いどう》して居《を》るが、段々《だん〴〵》東洋《とうやう》に移《うつ》りかけて來《き》て居《を》るのは、我等《われら》が大《おほい》に注意《ちゆうい》を拂《はら》ふべき事《こと》である。既《すで》にビルマ、香港《ホンコン》、上海等《シヤンハイとう》には多《おほ》くの猶太人《ユダヤじん》を見《み》かけるやうになつた。彼等《かれら》が更《さら》に日本《にほん》に渡《わた》つて來《く》るか否《いな》かは解《わか》らぬが、聖書《せいしよ》のゼカリヤ書《しよ》八章《しやう》七節《せつ》には、世《よ》の終《をはり》に猶太人《ユダヤじん》がエルサレムに集《あつ》めらるる時《とき》には「日《ひ》の出《いづ》る國《くに》より」も集《あつ》めらるゝと預言《よげん》してある。今日本《いまにほん》には猶太人《ユダヤじん》は千人位《にんぐらゐ》しか居《を》らぬが、其《その》千人《にん》の爲《ため》に二千五百年《ねん》も前《まへ》に此《この》預《よ》言《げん》が書《か》かれたとは思《おも》はれぬ。世界《せかい》には千六百萬人《まんにん》も居《を》るが、今後《こんご》彼等《かれら》の中《うち》多《おほく》の者《もの》が日《に》本《ほん》にも來《く》るであらう事《こと》を豫想《よさう》せられる。然《さ》らば我國《わがくに》は彼等《かれら》猶太人《ユダヤじん》に取《と》つても重大《じゆうだい》なる關係《くわんけい》ある國《くに》であるかも知《し》れぬ。

今迄《いままで》私《わたくし》は日本人《にほんじん》が不思議《ふしぎ》なる人民《じんみん》である事《こと》を種々《しゆ〴〵》なる方面《はうめん》から說《と》いた。次章《じしやう》に於《おい》ては更《さら》に日本人《にほんじん》が人類學的《じんるゐがくてき》に特別《とくべつ》の人種《じんしゆ》である事《こと》を見《み》たいが、聖書的《せいしよてき》に見《み》ても是《これ》は特《とく》殊《しゆ》の地位《ちゐ》にある民族《みんぞく》である。日本人《にほんじん》は世界《せかい》の人《ひと》に一種《しゆ》のスフィンクス、即《すなは》ち一種《しゆ》の謎《なぞ》として見《み》られて居《を》るが、聖書《せいしよ》の上《うへ》より見《み》れば決《けつ》して謎《なぞ》の民《たみ》ではない。日本人《にほんじん》は今世界《いませかい》の舞臺《ぶだい》に大活躍《だいくわつやく》をなし、世界《せかい》の人《ひと》が奇異《きい》の目《め》を注《そゝ》いで居《を》るが、私《わたくし》は日本人《にほんじん》は當然《たうぜん》かくあるべき筈《はず》のもので、當然行《たうぜんゆ》くべき道《みち》を進《すゝ》んで居《を》るに過《す》ぎぬと思《おも》つて居《を》る。

日本民族《にほんみんぞく》は不思議《ふしぎ》な民族《みんぞく》であるといふと、國學者等《こくがくしやたち》は直樣我日本《すぐさまわがにほん》は二千五百年間《ねんかん》の歷史《れきし》があるからといふが、我等《われら》は斯《かゝ》る事《こと》からいふのではない。年月《ねんげつ》の長短《ちやうたん》で國民《こくみん》の優《いう》劣《れつ》を定《さだ》める譯《わけ》には行《ゆ》かぬ。國《くに》の舊《ふる》いといふ事《こと》に於《おい》ては他《た》にも舊《ふる》い國《くに》がある。先頃日本《さきごろにほん》にアフリカのエテオピヤ即《すなは》ちアビシニヤ國《こく》から使節《しせつ》が來《こ》られ、我國《わがくに》と通商條約《つうしやうでうやく》を結《むす》ぶやうになつたが、此國《このくに》の如《ごと》きはソロモンの時《とき》より王統連綿《わうとうれんめん》實《じつ》に三千年《ねん》にも及《およ》んで居《を》るといふ舊《ふる》い國《くに》である。近頃《ちかごろ》英國《えいこく》皇室《くわうしつ》の系圖《けいづ》を細々《こまぐ》と調《しら》べ、昔《むかし》エレミヤがヒゼキヤの娘《むすめ》を連《つ》れて埃及《エヂプト》に行《い》つたのが起《き》原《げん》で、アイルランドの酋長《しふちやう》が之《これ》を娶《めと》り、其血《そのち》を受《う》けた者《もの》がスコットランド王《わう》で、現英國皇帝《げんえいこくくわうてい》は其血統《そのけつとう》であるから遠《とほ》くダビデ王《わう》の血《ち》をひいた者《もの》であるとて、三千年《ねん》の系統《けいとう》を辿《たど》つて論《ろん》ずる者《もの》もあるが、ダビデの血《ち》を受《う》けて居《を》るとて何《なに》も誇《ほこ》るに當《あた》らない。我等《われら》は唯《たゞ》我國《わがくに》が二千五百年續《ねんつゞ》いた故《ゆゑ》に不《ふ》思《し》議《ぎ》な國民《こくみん》であるといふのではない。過去《くわこ》に於《おい》て神《かみ》の御指導《ごしだう》がいかに豊《ゆたか》に我國《わがくに》の上《うへ》にあつたかを思《おも》ひ、更《さら》に今後世界《こんごせかい》の檜舞臺《ひのきぶだい》にいかに活躍《くわつやく》するかを預言《よげん》の光《ひかり》を以《もつ》て見《み》て、我日本民族《わがにほんみんぞく》は不《ふ》思《し》議《ぎ》なる民《たみ》であるといふのである。

細《こま》かくいへばいふべき事《こと》が多《おほ》くあるが、我國《わがくに》の基督教《キリストけう》の傳道史《でんだうし》を繙《ひもと》いて見《み》ても、基督教《キリストけう》が傳《つた》はつてより六十年《ねん》、其進歩《そのしんぽ》の著《いちじる》しい事《こと》世界《せかい》に其比《そのひ》を見《み》ないといはれて居《を》る。

我等《われら》は寧《むし》ろ其遲々《そのち〵》として振《ふる》はぬ事《こと》を歎《なげ》くのみであるが、それでも世界《せかい》の他《た》の國《くに》と比較《ひかく》すれば異數《いすう》の進歩《しんぽ》であるとの事《こと》である。例《たと》へば米國《べいこく》の同胞間《どうばうかん》に於《おい》ても、日本人《にはんじん》が二百或《あるひ》は三百と集《あつま》つて居《を》る處《ところ》には必《かなら》ず教會《けうくわい》が出來《でき》て居《を》る。是《これ》は支那人《しなじん》やメキシコ人其他《じんそのた》歐羅巴人《ロッパじん》の到底眞似《たうていまね》の出來《でき》ぬ事《こと》である。誰《たれ》か日本人《にはんじん》を無宗教國民《むしゆうけうこくみん》といふや。此意味《このいみ》からいへば日本人《にはんじん》は極《きは》めて宗教的人種《しゆうけうてきじんしゆ》であるといつても差支《さしつかへ》ない。内地《ないち》の傳道《でんだう》に於《おい》ても短日月《たんじつげつ》の間《あひだ》に大《おほい》に進歩《しんぽ》したと、傳道會社《でんだうくわいしや》の人《ひと》は驚《おどろ》いて居《を》る。是《これ》は世界《せかい》の宣教歴史《せんけうれきし》に於《おい》ても稀《まれ》な事《こと》であるといふ。もし我《わが》ホーリネス教會《けうくわい》の事《こと》をいはゞ笑《わら》はれるであらうが、教會組織《けうくわいそしき》が漸《やうや》く十三年前《ねんぜん》の事《こと》であり、五年前《ねんぜん》から獨立自給《どくりつじきふ》して今日《こんにち》に至《いた》つた事《こと》は、其進歩《そのしんぽ》の速《すみや》かなる事驚《ことおどろ》くべき教派《けうは》であるとして、各教會《かくけうくわい》は驚異《きやうい》の眼《め》を以《もつ》て見張《みは》つて居《を》るのである。五年前獨立自給《ねんぜんどくりつじきふ》を宣言《せんげん》した時人々《ときひと〴〵》は驚《おどろ》いたが、いかにしてかくまで長足《ちやうそく》の進歩《しんぽ》をしたかと人々《ひと〴〵》に不思議《ふしぎ》に思《おも》はれて居《を》る。先年《せんねん》アメリカに於《おい》ても其秘密《そのひみつ》は何《なに》かと問《と》はれた事《こと》もあるが、無論神《むろんかみ》の恵《めぐみ》と導《みちびき》による事《こと》ではあるが、我教會《わがけうくわい》がかく祝福《しゆくふく》を受《う》けたのは、日本人《にほんじん》に特別《とくべつ》の使命《しめい》があり、今後《こんご》神《かみ》は此日本《このにほん》を用《もち》ひて御自身《ごじしん》の經綸《けいりん》を成遂《なしと》げんとして居給《ゐたま》ふ一の證據《しようこ》であるといふを憚《はゞか》らぬ。日本人《にほんじん》が他《た》の民族《みんぞく》と異《ことな》つて偉《えら》いからといふのでなく、日本人《にほんじん》には特別《とくべつ》に使命《しめい》がある故《ゆゑ》、其爲《そのな》す事《こと》に祝福《しゆくふく》が加《くは》はるのである。私《わたくし》は民族的傲慢《みんぞくてきがうまん》からかゝる事《こと》をいふのではなく、神《かみ》がかく導《みちび》いて居給《ゐたま》ふ事《こと》を信《しん》ずる者《もの》である。我等《われら》は斯《かゝ》る國民《こくみん》である事《こと》を自覺《じかく》せねばならぬ。我等《われら》キリストの再臨《さいりん》を待《ま》つ聖徒《せいと》たる者《もの》は特別《とくべつ》の使命《しめい》を有《いう》する事《こと》を自覺《じかく》して自重《じちやう》し、神《かみ》が此民《このたみ》を用《もち》ひて其聖旨《そのみむね》をなさんとし給《たま》ふ大御心《おほみこゝろ》のある事《こと》を知《し》り、我等《われら》はこんな惠《めぐ》まれ方《かた》では足《た》りない、更《さら》に更《さら》に大《おほい》に惠《めぐ》まれねばならぬ、我等《われら》の惠《めぐ》まるゝと否《いな》とは世界教化《せかいけうくわ》に大關係《だいくわんけい》ある事《こと》を思《おも》ふて大《おほい》に惠《めぐみ》を受《う》け、神《かみ》を滿足《まんぞく》させ奉《たてまつ》る者《もの》とならねばならぬ。

第三章　日本《にはん》人《じん》の起《き》源《げん》

人類の發祥地――人類移動の原因――氣候の變化、食物の要求、寶石探求の爲め――東方憧憬――高原より平原へ――バベルの塔倒壞と人民の離散――世界の諸民族――セム種、ハム種、ヤペテ種――原始文明の祖スメル人――スメル人と密接の關係あるヘテ人――考古學の發見による高等批評家の敗北――ヘテ人とイスラエルとの關係――ヘテ人と日本人との身體上の類似――ヘテ人と日本人との關係の言語學上の考察――日本の元住民族アイヌ――日本人は雜種――縮れ毛によりて判斷せらるゝ日本人と猶太人との關係――日本に雜多の民族の入込みし理由――「羊」なる言に就ての日本人の起原考察――熊野神社の名と由來に就ての日本人とヘテ人との關係考察

『全地《ぜんち》は一の言語《ことば》一の音《おん》のみなりき、茲《こゝ》に人衆《ひと〴〵》東《ひがし》に移《うつ》りてシナルの地《ち》に平野《へいや》を得《え》て其處《そこ》に居《す》住《め》り、彼等互《かれらたがひ》に云《いひ》けるは去來《いざ》甎石《かはら》を作《つく》り之《これ》を善《よ》く熱《やか》んと、遂《つひ》に石《いし》の代《かは》りに甎石《かはら》を獲《え》灰沙《しつくひ》の代《かは》

りに石漆《ちやん》を獲《え》たり、又曰《またいひ》けるは去來《いざ》邑《まち》と塔《たふ》とを建《た》て其塔《そのたふ》の頂《いたゞき》を天《てん》にいたらしめん、斯《かく》して我等《われら》名《な》をあげて全地《ぜんち》の表《おもて》に散《ち》ることを免《まぬか》れんと、ヱホバ降臨《くだ》りて彼人衆《かのひとぐ》の建《たつ》る邑《まち》と塔《たふ》とを觀《み》たまへり、ヱホバ言《いひ》たまひけるは觀《み》よ民《たみ》は一にして皆《みな》一の言語《ことば》を用《もち》ふ、今旣《いますで》に此《これ》を爲《な》し始《はじ》めたり、然《され》ば凡《すべ》て其爲《そのなさ》んと圖維《はか》る事《こと》は禁止《とゞ》め得《え》られざるべし、去來《いざ》我等《われら》降《くだ》り彼處《かしこ》にて彼等《かれら》の言《こと》語《ば》を淆《みだ》し互《たがひ》に言語《ことば》を通《つう》ずる事《こと》を得《え》ざらしめんと、ヱホバ遂《つひ》に彼等《かれら》を彼處《かしこ》より全地《ぜんち》の表《おもて》に散《ちら》したまひければ彼等《かれら》邑《まち》を建《たつ》る事《こと》を罷《や》めたり、是故《このゆゑ》に其名《そのな》はバベル(淆亂《みだれ》)と呼《よ》ばる、是《これ》はヱホバ彼處《かしこ》に全地《ぜんち》の言語《ことば》を淆《みだ》したまひしに由《よ》りてなり、彼處《かしこ》よりヱホバ彼等《かれら》を全地《ぜんち》の表《おもて》に散《ち》らしたまへり』(創世記《さうせいき》十一章《しやう》一節《せつ》より九節《せつ》)

人類《じんるゐ》の發祥地《はつしやうち》に關《くわん》しては古來《こらい》樣々《さまぐ》の說《せつ》があるが、亞細亞《アジア》、歐羅巴《ヨーロッパ》、亞弗利加《アフリカ》三大陸《たいりく》を結《むす》ぶ中心《ちうしん》の邊《あた》りのユフラテ川《がは》の上流《じやうりう》であつたらうといふ事《こと》に大概《たいがい》一致《ち》して居《を》る。エデンの園《その》も其邊《そのあたり》であつたと思《おも》はれる。聖書《せいしよ》によればノアの洪水《こうずゐ》により全世界《ぜんせかい》は一掃《さう》されて、ノアの子孫《しそん》より凡《すべ》ての人種《じんしゆ》が分《わか》れ出《い》でたとあるが、ノアの方舟《はこぶね》の止《とゞま》つたアララテ山《やま》は小《せう》アジャの東北《とうはく》アルメニヤにある。此處《こゝ》が新人類《しんじんるゐ》の發祥地《はつしやうち》で、人類學者《じんるゐがくしや》によれば原始人《げんしじん》は其處《そこ》から東方《とうはう》ペルシャにかけての高原《かうげん》に居《ゐ》たらうとの事《こと》である。

更《さら》に人類《じんるゐ》が其處《そこ》より如何《いか》にして全世界《ぜんせかい》に擴《ひろ》がるに至《いた》つたかといふ事《こと》に就《つい》ては、學者《がくしや》等《ら》の說《せつ》に從《したが》へば、第《だい》一には氣候《きこう》の變化《へんくわ》に伴《ともな》ふて、即《すなは》ち或《あるひ》は涼《すゞ》しい處《ところ》、或《あるひ》は暖《あたゝか》い處《ところ》を求《もと》めて移動《いどう》したものだといはれて居《を》る。例《たと》へば私《わたくし》は先達《せんだつ》て北海道《はくかいだう》の日高《ひだか》のアイヌ部《ぶ》落《らく》に巡廻《じゆんくわい》したが、彼處《かしこ》は冬《ふゆ》にも雪《ゆき》が四五寸《すん》しか積《つも》らぬ暖《あたゝか》い處《ところ》である故《ゆゑ》、成程《なるほど》アイヌ人等《じんら》が彼處《かしこ》に集《あつ》まるやうになつた筈《はず》だと思《おも》つた事《こと》である。次《つぎ》には食物《しよくもつ》の要求《えうきう》に應《おう》じて、即《すなは》ち或《あるひ》は海《うみ》の物《もの》が欲《ほ》しいとか、或《あるひ》は山《やま》の物《もの》を食《しよく》したいといふ要求《えうきう》から移動《いどう》したといふ說《せつ》も尤《もつと》もな事《こと》である。更《さら》に又寶石《またはうせき》を探《さが》し求《もと》めて移動《いどう》したものもある。例《たと》へばカルフオルニヤ洲《しう》の如《ごと》き、彼處《かしこ》には金山《きんさん》があるが、初《はじ》め彼處《かしこ》にある金《きん》の採掘《さいくつ》に人々《ひと〴〵》が集《あつ》まつたのが、今日《こんにち》かの洲《しう》の盛大《せいだい》を致《いた》した原因《げんいん》であるといはれて居《を》る。又《また》アフリカに於《おい》ても、ダイヤモンドを探《さが》す爲《ため》にトランスバール等《とう》に集《あつま》り、其處《そこ》に殖民地《しよくみんち》が出來《でき》た事實《じじつ》がある。私《わたくし》が先年《せんねん》ニユーゼーランドのマオリ人《じん》の處《ところ》に行《い》つた時《とき》、堅固《けんご》なる事《こと》に於《おい》てダイヤモンドに次《つ》ぐといはるゝ翡翠《ひすゐ》に似《に》た寶石《ほうせき》を記念《きねん》に貰《もら》つたが、此石《このいし》はニユーゼーランドの海《うみ》の外《ほか》見出《みいだ》し得《え》ないものであるとの事《こと》で、マオリ人《じん》が六七百年前《ねんぜん》の昔《むかし》、南洋《なんやう》から何《なん》十日《にち》も航海《こうかい》してニユーゼーランドに移《うつ》つたのは、此石《このいし》が欲《ほ》しさに其處《そこ》に行《い》つたものであるといふ。彼等《かれら》は今《いま》も之《これ》を勾玉《まがたま》のやうなものに作《つく》つたり、はては彼等《かれら》の守《まも》り神《かみ》のやうなものを彫《きざ》んだりして珍重《ちんちやう》して居《を》る。斯《かゝ》る例《れい》を以《もつ》ても、原始《げんし》人等《じんたち》が物質的欲求《ぶつしつてきよくきう》を滿《み》たさんが爲《ため》に各處《かくしよ》に移住《いぢゆう》するやうになつたといふ説《せつ》も首肯《しゆこう》せられる。然《しか》し此處《こゝ》に更《さら》に一説《せつ》がある。早稲田《わせだ》大學教授《だいがくけうじゆ》西村眞次《にしむらしんじ》氏《し》の説《と》く處《ところ》で、一種神秘的《しゆしんぴてき》であるが興味深《きようみふか》く、大《おほい》に傾聽《けいてう》すべき説《せつ》である。其《それ》は東方憧憬《とうはうどうけい》といふ事《こと》で、凡《すべ》て人類《じんるゐ》は太陽《たいやう》に對《たい》する一種《しゆ》の憧憬《どうけい》をもち、日《ひ》の出《い》づる處《ところ》を憧《あこ》がれて東《ひがし》へ〳〵と移《うつ》つて行《い》つたといふのである。

前述《ぜんじゆつ》の如《ご》く人類《じんるゐ》は最初《さいしよ》ペルシヤ邊《へん》よりパミールの高原邊《かうげんへん》に住《す》んで居《ゐ》たもので、其《それ》より東《ひがし》へ〱と移《うつ》つて行《い》つた人種《じんしゆ》と西《にし》へ〱と移《うつ》つて行《い》つた人種《じんしゆ》とがある。日本《にほん》では高《たか》天原《まがはら》といふ事《こと》をいふから、日本人《にほんじん》も矢張《やはり》最初《さいしよ》は或高原地《あるかうげんち》から下《くだ》つた人種《じんしゆ》である事《こと》を想《さう》像《ざう》するに難《かた》くない。其《それ》は兎《と》もあれ、最初人種《さいしよじんしゆ》は或高原《あるかうげん》より東《ひがし》へ〱と降《くだ》つたものと、西《にし》へ〱と降《くだ》つたものとあり、其東《そのひがし》へ〱と降《くだ》つた者《もの》が東洋人《とうやうじん》で、西《にし》へ〱と降《くだ》つた者《もの》が今《いま》の西洋人《せいやうじん》である。創世記《さうせいき》十一章《しやう》二節《せつ》に「人衆《ひと〴〵》東《ひがし》に移《うつ》りてシナルの地《ち》に平野《へいや》を得て其處《そこ》に住《す》めり」とある。此《この》「東《ひがし》に」は英譯《えいやく》では“from the east”（東《ひがし》より）となつて居《を》るが、是《これ》は日本譯《にほんやく》の如《ごと》く「東《ひがし》に」の方《はう》が正《たゞ》しい。一體《たい》山地《やまち》は繁殖《はんしよく》に不便《ふべん》で、山國《やまぐに》に大都會《だいとくわい》は出來《でき》るものでない。日本《にほん》の都市《とし》を見《み》ても、東京《とうきやう》、名古屋《なごや》、大阪《おほさか》等《とう》皆《みな》繁華《はんくわ》な都《と》市《し》は平原《へいげん》を扣《ひか》えて居《ゐ》る。信州《しんしう》の如《ごと》き山國《やまぐに》に大都會《だいとくわい》が出來《でき》た例《れい》はない。人《ひと》は皆《みな》自然《しぜん》に平《へい》野《や》を求《もと》めて發展《はつてん》して行《ゆ》くのである。世界《せかい》に於《おい》ても其如《そのごと》く、太古《たいこ》の民《たみ》がシナルの地《ち》に平《へい》野《や》を得《え》て、其處《そこ》に移《うつ》り住《す》んだといふのも亦《また》其爲《そのため》である。

聖書《せいしよ》は人類《じんるゐ》の全世界《ぜんせかい》への離散《りさん》の原因《げんいん》をバベルの塔《たふ》の記事《きじ》に於《おい》て示《しめ》して居《ゐ》る（創世記《さうせいき》

十一章）。學者《がくしや》のいふ如《ごと》く、氣候《きこう》や食物《しよくもつ》の關係《くわんけい》や、或《あるひ》は物質《ぶつしつ》の欲求《よくきう》を滿《みた》さんが爲《た》め、又《また》は東方憧憬《とうはうどうけい》の爲《ため》もあつたであらうが、聖書《せいしよ》に從《したが》へば此處《こゝ》に人類移動《じんるゐいどう》の尙一《なはひとつ》の原因《げんいん》があつた。シナルの平野《へいや》に住《す》んだ太古《たいこ》の民《たみ》が「いざ邑《まち》と塔《たふ》とを建《た》て其塔《そのとう》の頂《いたゞき》を天《てん》にいたらしめん、斯《かく》して我等《われら》名《な》を揚《あ》げて全地《ぜんち》の表面《おもて》に散《ち》る事《こと》を免《まぬか》れん」と、今《いま》の言《ことば》でいへば文化《ぶんくわ》や技藝《ぎげい》を誇《ほこ》らんとした。上《うへ》に伸《の》びんとするは結構《けつかう》な事《こと》であるが、己《おの》が手《て》の業《わざ》を以《もつ》て誇《ほこ》らんとした。殊《こと》に彼等《かれら》は神《かみ》が人類《じんるゐ》の始祖《しそ》を祝福《しゆくふく》して、「生《う》めよ、繁殖《ふえ》よ、地《ち》に滿盈《みて》よ」と宣《のたま》ふた。即《すなは》ち繁殖《はんしよく》して全地《ぜんち》に擴《ひろ》がるべき事《こと》を示《しめ》し給《たま》ふたに拘《かゝは》らず、彼等《かれら》は之《これ》に反《はん》して一ヶ處《しよ》に集《あつ》まつて居《を》らうとした爲《ため》に、神《かみ》は彼等《かれら》の言語《げんご》を亂《みだ》して、其結果諸方《そのけつくわしよはう》に離《り》散《さん》せざるを得《え》ぬやうに仕向《しむ》け給《たま》ふたのである。一體言語《たいげんご》は思想《しさう》を表《あら》はすものであり、方言《はうげん》は鄕土《きやうど》を同《おなじ》うする者同志《ものどうし》の間《あひだ》に一種《しゆ》の情愛《じやうあい》を繋《つな》ぐものであるが、言語《げんご》が通《つう》じなくなつたといふのであるから、彼等《かれら》が言語《げんご》の通《つう》ずる同志《どうし》が一團《だん》となつて分散《ぶんさん》するに至《いた》つたのは自然《しぜん》である。即《すなは》ち神《かみ》が散《ち》らし給《たま》ふたのである。自然《しぜん》に擴《ひろ》がつたのではなく、神《かみ》が擴《ひろ》がらせ給《たま》ふたのである。

されば日本國民《にほんこくみん》に就《つい》ても、我民族《わがみんぞく》が亞細亞《アジア》の東隅《とうぐう》の島國《しまぐに》に住《す》むやうになつたのも、偶然《ぐうぜん》でもなければ、此民族《このみんぞく》が自《みづか》ら求《もと》めて此處《こゝ》に來《き》たのでもなく、凡《すべて》の民族《みんぞく》の上《うへ》に加《くは》はつて居《を》る神《かみ》の攝理《せつり》によるものであると思《おも》ふのが穩當《をんたう》な見方《みかた》である。

却說《さて》、メソポタミヤの搖籃地《えうらんち》より出發《しゆつぱつ》した人類《じんるゐ》が、かくして全世界《ぜんせかい》に散《ち》るやうになつたのであるが、世界《せかい》の人類《じんるゐ》は皆《みな》ノアの三人《にん》の子《こ》セム、ハム、ヤペテより出《で》たもので、現在世界《げんざいせかい》の諸民族《しよみんぞく》は皆此《みなこの》三人《にん》の後裔《こうえい》である。先《ま》づセム種《しゆ》とは普通猶太人《ふつうユダヤじん》やアラビヤ人《じん》等《など》だといはれて居《を》るが、聖書《せいしよ》に從《したが》へば凡《すべ》ての黃色人種《くわうしよくじんしゆ》がそれである。黃色人種中重《くわうしよくじんしゆちゆうおも》なる日本人《にほんじん》、支那人等《しなじんなど》も此《この》セム種《しゆ》に屬《ぞく》する者《もの》である。次《つぎ》にハム種《しゆ》とは主《おも》に黑色人種《こくしよくじんしゆ》で、埃及人《エヂプトじん》の如《ごと》く左程《さほど》に黑《くろ》くないのも居《を》るが、其他《そのた》アフリカ土人《どじん》がそれである。ヤペテ種《しゆ》は所謂白皙人種《いはゆるはくせきじんしゆ》で、歐羅巴《ヨーロッパ》や亞米利加《アメリカ》の人々《ひとびと》である。白皙人種《はくせきじんしゆ》といつてもスペイン人《じん》やホルトガル人《じん》の如《ごと》く、隨分黑《ずゐぶんくろ》いのもある。米國《べいこく》のインデヤンはセムの流《ながれ》を汲《く》んだ黃《くわう》色人種《しよくじんしゆ》である。日本人《にはんじん》も後《のち》には雜種《ざつしゆ》になつたが本來《はんらい》はセム種《しゆ》である。亞細亞《アジア》はセム種《しゆ》であるが、印度《インド》人《じん》は亞細亞《アジア》に住《す》んで居《ゐ》てもアリアン人種《じんしゆ》で、白皙人種《はくせきじんしゆ》に屬《ぞく》するものである。マレー人《じん》、支那《しな》人《じん》、滿洲人《まんしうじん》、西伯利亞《シベリア》在住《ざいぢゆう》のモンゴリア族《ぞく》、アメリカのインデアン等皆《とうみな》セム種《しゆ》である。

然《しか》るに此處《こゝ》にメソポタミヤに一の不思議《ふしぎ》なる人種《じんしゆ》があつた。スメル人《じん》と呼《よ》ばれて居《を》る人種《じんしゆ》であるが、これが原始《げんし》文明《ぶんめい》の祖《そ》となつたものではなからうかとさへいはれて居《を》る。かの楔形文字《くさびがたもじ》は彼等《かれら》の發明《はつめい》したものだといはれ、カルデヤ、バビロニヤの文明《ぶんめい》も彼等《かれら》が中心《ちゆうしん》となり、ヘブル人《じん》、フエニキヤ人《じん》も彼等《かれら》の文明《ぶんめい》に負《お》ふ所《ところ》があつたとの事《こと》である。殊《こと》に此《この》スメル人《じん》の美術《びじゆつ》は大《おはい》に發達《はつたつ》したものであつたと考古學者《かうこがくしや》はいつて居《ゐ》る。一體世界《たいせかい》の文明《ぶんめい》は最初《さいしよ》はユーフラテ河畔《かはん》に於《おい》て發達《はつたつ》し、次《つぎ》には埃及《エヂプト》のナイル河畔《かはん》、更《さら》にギリシヤの方面《はうめん》へと發展《はつてん》して行《い》つたものであるが、然《しか》らば此文明《このぶんめい》の魁《さきがけ》となつたスメル人《じん》とは一體如何《たいいか》なる人種《じんしゆ》であるかといふ事《こと》は、頻《しき》りに研究《けんきう》せられて居《を》るが、未《いま》だに判然《はんぜん》としない。唯歐羅巴人《ヨーロッパじん》でない事《こと》は明白《めいはく》で、モンゴリア人《じん》の一種《しゆ》であつたらうといはれて居《を》る。

「スメル」といふ言《ことば》は平原《へいげん》といふ意味《いみ》であるといふ人《ひと》もあるが、此處《こゝ》で一寸附言《ちよつとふげん》して置《お》きたいのは、日本語《にほんご》ではスメルといへば尊《たふと》い事《こと》を意味《いみ》する言《ことば》で、スベル(統べる)、スメラギ(天皇)、スメラミコト（皇尊）等《など》の語源《ごげん》と語呂《ごろ》が似《に》て居《ゐ》るのは、研究《けんきう》すべき問題《もんだい》ではないかと思《おも》ふ。其《それ》は兎《と》もあれ、此《この》スメル人《じん》と密接《みつせつ》の關係《くわんけい》を有《いう》して居《ゐ》た者《もの》に、聖書《せいしよ》に出《で》て居《を》るヘテ人《びと》といふのがある（創世記《さうせいき》十章《しやう》十節《せつ》）。ヘテ人《びと》はハムの子孫《しそん》で、スメル人《じん》とは非常《ひじやう》なる關係《くわんけい》ある事《こと》を人類學者《じんるゐがくしや》はいつて居《を》る。而《しか》して此《この》ヘテ人《じん》の文明《ぶんめい》もスメル人《じん》の文明《ぶんめい》を受繼《うけつ》いだものであらうと思《おも》はれる。從來高等批評家《じゆうらいかうとうひひやうか》はヘテ人《びと》などいふ人種《じんしゆ》は存在《そんざい》したものでない、これは聖書《せいしよ》の誤謬《ごびう》であるといつて來《き》たものであるが、今《こん》日考古學上《にちかうこがくじやう》の發見《はつけん》によれば、小亞細亞《せうアジア》に多《おほ》くのヘテ人《びと》の住《す》んで居《ゐ》た事《こと》、彼等《かれら》の文學《ぶんがく》、歷史迄明《れきしまであきら》かにせられ、其中《そのなか》には彼等《かれら》が埃及《エヂプト》へまでも攻寄《せめよ》せたといふ事實《じじつ》までも解《わか》つて來《き》て、此人種《このじんしゆ》が驚《おどろ》くべき人種《じんしゆ》であつた事《こと》が明白《めいはく》になり、Hittite Empire（ヘテ帝國《ていこく》）といふものが存在《そんざい》して居《ゐ》た事《こと》も立證《りつしよう》せらるゝに至《いた》つた。此《この》ヘテ人《びと》とスメル人《じん》とは非常《ひじやう》なる關係《くわんけい》あり、或《あるひ》はヘテ人《びと》はスメル人《じん》の一部《ぶ》ではなかつたらうかとさへいはれて居《を》る。

此《この》ヘテ人《びと》はアブラハムの時代《じだい》から居《ゐ》た人種《じんしゆ》で、アブラハムが其妻《そのつま》サラの死骸《しがい》を葬《はうむ》るにヘテ人《びと》から墓地《ぼち》を買《か》つた事《こと》が聖書《せいしよ》に記《しる》してある（創世記《さうせいき》廿三章《しやう》）。此《この》ヘテ人《びと》は戰爭《せんさう》に非常《ひじやう》に强《つよ》かつた人種《じんしゆ》で、ダビデの部下《ぶか》にウリアといふ將軍《しやうぐん》が居《ゐ》たが、此人《このひと》はヘテ人《びと》であつた。此《この》ウリヤの戰死後《せんしご》ダビデは彼《かれ》の妻《つま》を娶《めと》つたが、其間《そのあひだ》に出來《でき》たのがソロモンである。即《すなは》ちソロモン王《わう》の母《はゝ》はヘブル人《じん》ではなく、此《この》ヘテ人《びと》であつたのである。かくヘテ人《びと》はイスラエル人《じん》とは非常《ひじやう》な密接《みつせつ》の關係《くわんけい》を有《いう》して居《を》り、常《つね》にイスラエル人《じん》に屬《ぞく》して軍事《ぐんじ》を司《つかさど》つて居《ゐ》たものゝ如《ごと》く、實《じつ》に秀《ひ》いでた人種《じんしゆ》であつた。

此《この》ヘテ人《びと》が今《いま》より二千五百年前《ねんぜん》ユダヤ國《こく》の滅亡《めつぼう》と共《とも》に如何《どう》なつたか解《わか》らなくなつて終《しま》つた。其故《それゆゑ》にヘテ人《びと》といふ人種《じんしゆ》は世界《せかい》に居《ゐ》なかつた等《など》といふやうになつたのであるが、思《おも》ふに彼等《かれら》はイスラエル十二族《ぞく》と共《とも》に各地《かくち》に離散《りさん》したらしく思《おも》はれる。然《しか》るにオクスフォード大學《だいがく》の考古學《かうこがく》の權威《けんゐ》セイス博士《はかせ》の發表《はつぺう》した處《ところ》によれば、今此《いまこの》ヘテ人《びと》と似《に》通《かよ》つた人種《じんしゆ》を世界《せかい》に見出《みいだ》す事《こと》が出來《でき》るとすれば、それは日本人《にはんじん》のみである。其骨格《そのこつかく》、其顏付《そのかほつき》は日本人《にはんじん》に酷似《こくじ》し、眼尻《めじり》が上《あが》つて居《を》り、髮《かみ》は我神武天皇時代《わがじんむてんのうじだい》の人《ひと》を繪《ゑ》に見《み》る如《ごと》く、辮髮《べんぱつ》を束《つか》ねで居《ゐ》たとの事《こと》である。日本人《にはんじん》の中《うち》に確《たし》かに此《この》ヘテ人《びと》の血《ち》が入《はい》つて居《を》るとは私《わたくし》一個《こ》の想像《さうざう》ではない。

日本語《にはんご》のヒト（人）といふ言《ことば》は日本固有《にはんこいう》の言《ことば》であるが、之《これ》は何處《どこ》から來《き》た言《ことば》であらふ。例《たと》へばワタクシ（私）といふ言《ことば》は、私《わたくし》は初《はじ》め日本固有《にはんこいう》の言《ことば》であると思《おも》つて居《ゐ》たが、實《じつ》は支那語《しなご》から來《き》た言《ことば》である事《こと》を知《し》つて驚《おどろ》いた。即《すなは》ち「我當身」（ワタングシン）といふ英語《えいご》で云《い》へばI myselfの意《い》の支那語《しなご》の轉訛《てんくわ》したものである。然《しか》し此《この》ヒト（人）といふ言《ことば》は日《に》本國有《はんこくいう》の純粹《じゆんすゐ》の日本語《にはんご》で、支那《しな》から轉訛《てんくわ》した言《ことば》ではない。是《これ》はヘテ人《びと》のヘテから來《き》た言《ことば》ではあるまいかとの事《こと》である。尙或博士《なほあるはかせ》の說《せつ》によれば日本人《にはんじん》の姓《せい》のハタ（秦）、ヘタ

(戸田)、エタ、又《また》はヒダ(飛騨、日田)などいふ言《ことば》も言語學上《げんごがくじやう》からは同《おな》じ語源《ごげん》から起《おこ》つたもので、ヘテより來《き》たものではないかといふ。是《これ》に類似《るゐじ》する言《ことば》は多《おほ》くある。(畑《はた》のハタは「ホアタ」即《すなは》ち火田の支那語《しなご》から轉訛《てんくわ》したもので、之《これ》は別《べつ》である)。是等《これら》の點《てん》よりしても日本《にほん》とヘテ人《びと》と關係《くわんけい》あつた事《こと》を想像出來《さうぞうでき》る。尚前述《なほぜんじゆつ》のスメル人《じん》は聖書《せいしよ》のエラム即《すなは》ち今《いま》のペルシヤの都《みやこ》のスサに居住《きよぢゆう》して發展《はつてん》したとの事《こと》であるが、日本《にほん》の古代史《こだいし》にスサノオノミコト(素盞嗚尊)が兵《へい》を率《ひき》ゐて東《ひがし》に上《のぼ》つたとあるが、或《あるひ》は是《これ》は其都《そのみやこ》の一人《ひとり》の王《わう》ではなかつたらうかとの想像《さうぞう》も出來《でき》る。是等《これら》の事《こと》は未《いま》だ研究《けんきう》すべき問題《もんだい》で、私《わたくし》は之《これ》を斷言《だんげん》するのではなく、唯《たゞ》研究《けんきう》の資料《しれう》に迄《まで》申上《まうしあ》げるのみである。兎《と》に角《かく》、かゝる一種《しゆ》の人種《じんしゆ》が日本《にほん》に來《き》たといふ事《こと》だけはいへる。

日本《にほん》の先住民族《せんぢうみんぞく》はアイヌ人《じん》である。今北海道《いまほくかいだう》の一部《ぶ》に僅《わづ》かに見出《みいだ》す少數《せうすう》のアイヌは日本人《にほんじん》と同化《どうくわ》せずに殘《のこ》つた者《もの》であるが、昔《むかし》は九州《しう》の果《はて》に至《いた》る迄日本中《までにほんぢゆう》に居《ゐ》たものである。現在各所《げんざいかくしよ》にアイヌの地名《ちめい》が多《おほ》く殘《のこ》つて居《を》る。例《たと》へば富士《ふじ》、江戸《えど》(エトー出《で》た所《ところ》)、能登《のと》、津輕《つがる》、青森《あをもり》等《とう》皆《みな》本來《はんらい》はアイヌ語《ご》である。即《すなは》ちアイヌ人《じん》が日本《にはん》各所《かくしよ》に住《す》んで居《ゐ》たものである。一體《たい》日本人《にはんじん》は雜種《さつしゆ》で、少《すくな》くとも五つ位《くらゐ》の人種《じんしゆ》が入《い》り込《こ》んで居《を》る。即《すなは》ち先《せん》住民《ぢゆうみん》たるアイヌ、外來人種《ぐわいらいじんしゆ》としてはイスラエル人《じん》、其《それ》に伴《ともな》ふて來《き》たヘテ人《びと》、朝鮮《てうせん》及《およ》び支那《しな》より渡來《とらい》した者《もの》、及《およ》び南洋《なんやう》から入《はい》つた者等《ものとう》である。日本人《にはんじん》は同《おな》じ黄色人種《くわうしよくじんしゆ》でも朝《てう》鮮人《せんじん》や支那人《しなじん》とは其體質《そのたいしつ》に於《お》いても其氣質《そのきしつ》に於《お》いても、餘程異《よほどこと》なつて居《を》る點《てん》がある。例《たと》へば日本人中《にはんじんちゆう》に非常《ひじやう》に毛深《けぶか》い人《ひと》があるが、是《これ》は朝鮮《てうせん》や支那《しな》にはあまり見《み》られぬ處《ところ》で、中《なか》にはアイヌも三舍《しや》を避《さ》ける程《ほど》の毛深《けぶか》い人《ひと》も居《を》る。殊《こと》に九州《しう》の南《みなみ》の鹿兒島《かごしま》や琉球《りうきう》に多《おほ》いが、私《わたくし》は之《これ》を南《みなみ》アイヌと呼《よ》んで居《を》る。又日本人中《またにはんじんちゆう》に縮《ちぢ》れ毛《け》の者《もの》が居《ゐ》る。(近頃《ちかごろ》は態々《わざ〳〵》鏝《こて》をかけて髮《かみ》を縮《ちぢ》らす現代《げんだい》の婦人《ふじん》が居《を》るが、それでなく、生來《せいらい》の縮毛《ちぢれげ》の人《ひと》)。學者等《がくしやたち》は是《これ》は南洋《なんやう》ネグリート(黑人《こくじん》)の血《ち》を受《う》けたからだといふが、黑人《こくじん》の縮毛《ちぢれげ》は或人《あるひと》が髮《かみ》でない毛《け》だといつたやうに、羊《ひつじ》の毛《け》の如《ごと》く又繪《またゑ》に見《み》る釋迦《しやか》の頭《あたま》の如《ごと》くに縮《ちぢ》れて居《を》るが、日本《にはん》人《じん》の間《あひだ》に見《み》る縮《ちぢ》れ毛《げ》は波形《なみがた》に縮《ちぢ》れて居《を》るので、これはイスラエル人《じん》の血《ち》を受《う》けて居《を》る事《こと》を示《しめ》すものである。猶太人《ユダヤじん》は髪《かみ》の毛《け》の縮《ちゞ》れ具合《ぐあひ》で解《わか》ると迄《まで》いはれて居《を》る。かく日本人《にほんじん》が雜種《ざつしゆ》であるといふ事《こと》に就《つい》ては、後《のち》に詳《くわ》しくいふ積《つも》りであるが、これには特別《とくべつ》に神《かみ》の聖旨《みむね》があつた事《こと》である。日本《にほん》にかく樣々《さまぐ》の人種《じんしゆ》が入込《いりこ》んで來《き》た一の理由《りいう》は、前述《ぜんじゆつ》の東方憧憬《とうはうどうけい》から東《ひがし》へ〳〵と進《すゝ》んで來《き》て、是以上《これいじやう》は行《ゆ》かれぬから此島國《このしまぐに》に止《とゞま》つたものであらう。然《しか》し中《なか》には更《さら》に進《すゝ》んで北方《ほくはう》カムチヤツカよりベーリング海峽《かいけふ》を横《よこ》ぎり、アメリカに迄《まで》いつた今《いま》のアメリカン・インデアンのやうな者《もの》もあつた。

尚此處《なほこゝ》に附加《つけくは》へていつて置《お》きたいのは、ヒツジ(羊)といふ言《ことば》に就《つい》てゞある。是《これ》は我《わが》國固有《くにこいう》の日本語《にほんご》であるが、此言《このことば》の起原《きげん》を知《し》るならば日本人《にほんじん》の起原《きげん》に就《つい》て知《し》る所《ところ》があると思《おも》ふ。ヤギ(山羊)は支那語《しなご》のヤングより轉化《てんくわ》せしもの(ングといふ支那《しな》特有《とくいう》の發音《はつおん》が日本《にほん》になき爲《た》めギとなつたのである)。之《これ》と同樣《どうやう》にカギ(鍵)はカングの支那語《しなご》より、ネギ(葱)はニングより來《き》た言《ことば》であるが(今《いま》も東北《とうほく》ではネンギと呼《よ》ぶ)、羊《ひつじ》は日本固有《にほんこいう》の日本語《にほんご》である。然《しか》るに日本《にほん》に於《おい》ては今《いま》こそ羊《ひつじ》を飼《か》ふが、昔《むかし》は羊《ひつじ》が居《ゐ》なかつた。畫家《ぐわか》に羊《ひつじ》を畫《か》いてくれと頼《たの》んだら山羊《やぎ》を畫《か》いたといふ話《はなし》もある。羊《ひつじ》が居《ゐ》なかつたのに羊《ひつじ》といふ言《ことば》が昔《むかし》からあつたのは、如何《いか》なる理由《りいう》であらう。或《あるひ》は我民《わがたみ》の祖先《そせん》が亞細亞《アジア》の何處《どこ》かに於《おい》て羊《ひつじ》を飼《か》つた時代《じだい》がなかつたらうかと思《おも》はれぬ事《こと》もない。サル(猿)といふ事《こと》は純《じゆん》粹《すゐ》のアイヌ語《ご》であるが、今《いま》アイヌの居《を》る北海道《ほくかいだう》には猿《さる》は一匹《ぴき》も居《ゐ》ない。是《これ》はアイヌ人《じん》が昔内地《むかしないち》に居《ゐ》た事《こと》があるといふ一の證據《しようこ》である。かくの如《ごと》く、我民族《わがみんぞく》の祖先《そせん》が遠《とほ》き昔《むかし》、亞細亞《アジア》の何處《どこ》かの平原《へいげん》か高原《かうげん》かで羊《ひつじ》を牧《か》つて居《ゐ》たのではあるまいかといふ想像《さうざう》も出來《でき》る譯《わけ》である。是等《これら》の事《こと》に就《つい》ては今後《こんご》の研究《けんきう》に待《ま》たねばならぬ。

尚《なほ》一ついつて置《お》きたい事《こと》は、前述《ぜんじゆつ》のヘテ人《びと》は自分等《じぶんら》の偶像《ぐうぞう》を祭《まつ》つて居《ゐ》る場所《ばしよ》を「コマノ」或《あるひ》は「コマナ」といふ。彼等《かれら》は其處《そこ》で、彼等《かれら》の神《かみ》を禮拜《れいはい》して居《ゐ》た。扨《さ》て日本《にほん》に熊野《くまの》神社《じんじや》なるものがあるが、其由來《そのゆらい》が如何《どう》しても解《わか》らぬ。又何《またなに》を祭《まつ》つたものであるかも解《わか》らない。而《しか》も是《これ》は我國《わがくに》の神社中最古《じんじやちゆうさいこ》に屬《ぞく》するものの如《ごと》く、日本人《にほんじん》の渡來《とらい》と共《とも》に入《いり》來《きた》つたものらしく思《おも》はれる。紀州新宮《きしうしんぐう》の熊野神社《くまのじんじや》と出雲《いづも》にある熊野神社《くまのじんじや》とが最《もつと》も舊《ふる》い。

クマノ（熊野）もコマノも餘《あま》り變《かは》らぬ。（越後人《えちごじん》は心持《こゝろもち》を「くゝろもち」と發音《はつおん》し、沖繩縣《おきなはけん》でも「く」の音《おん》と「こ」の音《おん》が混同《こんどう》する）。されば是《これ》は日本《にほん》に渡來《とらい》した或人種《あるじんしゆ》が持込《もちこ》んだ偶像《ぐうぞう》ではなからうか。神武天皇東征《じんむてんのうとうせい》の時《とき》、海《うみ》を越《こ》えて來《き》たものは日向《ひうが》から紀州《きしう》に來《きた》り、其處《そこ》より伊勢大和《いせやまと》の方《はう》に行《い》つたが、一方大陸《ばうたいりく》から來《き》た者《もの》は朝鮮《てうせん》を經《へ》て出雲《いづも》に渡《わた》つた者《もの》で、此《この》二つが大和《やまと》に於《おい》て落合《おちあ》つた處《ところ》、同民族《どうみんぞく》だといふ事《こと》が解《わか》つて、此處《こゝ》で結合《けつがふ》したといふのであるが、これ即《すなは》ち日本民族《にほんみんぞく》とヘテ人《びと》と關係《くわんけい》があり、又紀州《またきしう》と出雲《いづも》に最《もつと》も舊《ふる》い熊野神社《くまのじんじや》がある所以《ゆえん》ではなからうか。

第四章　過去《くわこ》に於《お》ける猶太人《ユダヤじん》と日本人《にほんじん》との關係《くわんけい》

猶太人渡來の歷史的根據――融通の民の渡來――「秦」姓の由來――太秦(ウヅマサ)姓と大酒神社――風俗習慣の上よりの日本人と猶太人の相似――節句、七日、宮詣り、神社の構造、神前手洗、衣物、草鞋、頭に物を載せる習慣、帶――日本初代の人種たる琉球人と猶太人――琉球の墓と看過牛の祭、子供の鞠歌――大嘗祭の儀式、〇〇の〇〇に就て――佛國一考古學者の說――イスラエルの二派の東方移住――日本民族は三種族の混成――大使命を賦けられし特殊の民

次《つぎ》に私《わたくし》は日本人《にほんじん》の中《うち》に猶太人《ユダヤじん》の血《ち》が混《まじ》つて居《を》るといふ事《こと》を歷史《れきし》の上《うへ》から證明《しようめい》したい。猶太人《ユダヤじん》が我國《わがくに》に渡來《とらい》した事《こと》に就《つい》ては歷史的《れきしてき》に根據《こんきよ》がある。今《いま》より千六百四十九年《ねん》前《ぜん》、應神天皇《おうじんてんのう》の第《だい》十四年《ねん》、皇紀《くわうき》九百四十三年《ねん》に弓月王《ゆづきわう》が百二十七縣《けん》の百姓《しやう》を伴《ともな》ふて日《に》

本《はん》に渡來《とらい》して歸化《きくわ》したと歴史《れきし》にある。是《これ》は又融通王《またゆうつうわう》とも書《か》くが、どちらも當字《あてじ》であつて、「ユーヅー」と讀《よ》む音《おん》がよい。人數《にんず》は三千五六百人《にん》であつたらうといはれて居《を》る。此《この》ユーヅーとは猶太人《ユダヤじん》ではあるまいか。今《いま》でもロシヤ人《じん》は猶太人《ユダヤじん》の事《こと》をユードと呼《よ》んで居《を》る。此人々《このひとびと》が非常《ひじやう》な勢《いきほひ》を以《もつ》て來《き》た。今頃《いまごろ》でいへば三十萬人《まんにん》も入込《いりこ》んで來《き》た程《ほど》の騒《さわ》ぎであつたらうと思《おも》はれる。此人々《このひとびと》は支那《しな》朝鮮《てうせん》を經《へ》て日本《にはん》に來《き》たのであるが、養蠶《やうさん》や絹《きぬ》を織《お》る事《こと》を敎《をし》へ、文明《ぶんめい》を齎《もた》らした爲《た》め上下擧《しやうかこぞ》つて彼等《かれら》を大《おほい》に歡迎《くわんげい》した。其以前《そのいぜん》とても日本《にはん》に機織《はたおり》がなかつた譯《わけ》ではない。麻《あさ》の白衣《びやくい》を織《お》る事《こと》は知《し》つて居《ゐ》たが、柔《やはら》かい絹《きぬ》を織《お》る事《こと》を敎《をし》へた爲《ため》に非常《ひじやう》に喜《よろこ》ばれたのは無理《むり》もない。

其後《そのご》仁德天皇《にんとくてんのう》の時《とき》にも亦《また》百二十七縣《けん》のユーヅー民來朝《みんらいてう》し、又雄略天皇《またゆうりやくてんのう》の時《とき》にも來朝《らいてう》したと記錄《きろく》にある。是《これ》は歴史《れきし》に書記《かきしる》されてある事實《じじつ》であるが、是《これ》は二千五百年前《ねんぜん》、猶《ユダ》太《ヤ》王國滅亡《わうこくめつばう》と共《とも》に猶太人《ユダヤじん》が東方憧憬《とうはうどうけい》によりて遣《や》つて來《き》たものと思《おも》はれる。支那《しな》の河南《かなん》省《しやう》には現《げん》に何族《なにぞく》か解《わか》らぬが、確《たし》にイスラエル人民《じんみん》の一部《ぶ》と見《み》らるゝ者《もの》が殘《のこ》つて居《ゐ》るとの事《こと》である。日本《にはん》に來《き》たのも猶太人《ユダヤじん》であつたに相違《さうゐ》ない。當時天皇《たうじてんのう》は非常《ひじやう》に喜《よろこ》ばれ、之《これ》にハタ(秦)の姓《せい》を賜《たま》はつたといふ事《こと》も明白《めいはく》に記録《きろく》してある。ハタとは彼等《かれら》が機織《はたおり》を專門《せんもん》にしたからだといふ人《ひと》もあるが、機《はた》を織《お》る事《こと》は彼等《かれら》に敎《をし》へられる迄《まで》もなく、我國《わがくに》には其前《そのまへ》からあつた。或《あるひ》は秦《しん》の始皇帝《しくわうてい》の人民《じんみん》であるからといふ說《せつ》もあるが、それよりも寧《むし》ろかのイスラエル人《じん》に從屬《じゆうぞく》して居《ゐ》たヘテ人《びと》の「ヘテ」の轉化《てんくわ》であると見《み》るべきではなからうか。綴《つゞ》りからいへば、埃及《エジプト》ではヘテ人《びと》を Kheta と呼《よ》んだが、そのeがaに代《かは》つて Khata になつたに過《す》ぎぬ。

尙雄略天皇《なほゆうりやくてんのう》の時《とき》には此人々《このひとびと》に「ウヅマサ」の姓《せい》を賜《たま》はつたとある。漢字《かんじ》で太秦《うづまさ》と書《か》く。京都《きやうと》の附近《ふきん》に太秦村《たいしんむら》と書《か》いてウヅマサ村《むら》と呼《よ》んで居《を》る處《ところ》がある。ウヅはウーヅーの訛《なまり》で、矢張猶太《やはりユダヤ》の事《こと》であらう。最初《さいしよ》は「禹都滿佐《うづまさ》」と書《か》いたものであるが、後《のち》に太《うづ》秦《まさ》と變《かは》つた。何故《なぜ》かく變《かは》つたかに就《つい》ては、其後支那《そのごシナ》が羅馬《ローマ》の國《くに》と交涉《かうせう》するやうになつてから、羅馬《ローマ》は非常《ひじやう》に進步《しんぽ》してゐた爲《ため》に、之《これ》を太秦《たいしん》と呼《よ》んで居《ゐ》たので、此字《このじ》を當箝《あては》めたものらしい。太秦村《うづまさむら》に廣隆寺《くわうりゆうじ》といふのがあり、ウヅマサ寺《でら》ともいふ。其側《そのそば》に大酒神《おほさけじん》社《じや》といふのがあるが、佐伯好郎氏《さへきよしらうし》の言《ことば》によれば、之《これ》は元《もと》は「大辟」と書《か》いたものであるのを、後《のち》に辟《へき》に辵《しんにふ》をつけて「大避《おほさけ》」神社《じんじや》と呼《よ》び、それが更《さら》に一轉《てん》して大酒神社《おほさけじんじや》となつたのであるといふ。其處《そこ》は又《また》ダービー神社《じんじや》ともいはれて居《を》るが、是即《これすなは》ちダビデの名《な》で、漢字《かんじ》で大辟と書《か》くのである。其處《そこ》にある井戸《ゐど》の名《な》を「イスラ井《ゐ》」といふとの事《こと》である。更《さら》に面白《おもしろ》いのは、其處《そこ》に舊《きう》の九月《ぐわつ》に牛祭《うしまつり》といふ祭《まつり》があり、一人《ひとり》の人《ひと》が鬼《おに》の面《めん》を冠《かぶ》つたり等《など》して假裝《かさう》して牛《うし》に乘《の》つて出《で》ると、箒《はうき》や棒《ぼう》をもつて居《を》る皆《みな》の者《もの》が之《これ》を逐《お》ひ拂《はら》ふ儀式《ぎしき》がある。是《これ》は其人《そのひと》に病氣《びやうき》だの汚《けがれ》だの一切《さい》の惡《あく》を負《お》はせて、之《これ》を地獄《ぢごく》に放逐《はうちく》する意味《いみ》だとの事《こと》であるが、之《これ》はいかにもイスラエルの贖《あがなひ》の日《ひ》の儀式《ぎしき》によく似《に》て居《を》るではないか。是等《これら》の事《こと》を以《もつ》て見《み》れば、日本《にはん》に猶太人《ユダヤじん》の入《い》り來《きた》つた事《こと》は歷史上證明《れきしじやうしようめい》せられる事《こと》で、我民族《わがみんぞく》の中《うち》にはイスラエル人《じん》の血《ち》が入《はい》つて居《を》るのである。我等《われら》と猶太人《ユダヤじん》とは何《なん》の關係《くわんけい》もない處《どころ》ではない、血《ち》に於《おい》て切《き》つても切《き》れぬ關係《くわんけい》のある事《こと》は注意《ちゆうい》すべき事《こと》である。無論《むろん》他《た》の人種《じんしゆ》の血《ち》も混《まじ》つては居《を》るが。

尚《なほ》日本人《にはんじん》の風俗《ふうぞく》と猶太人《ユダヤじん》の風俗《ふうぞく》とは極《きは》めて似《に》て居《ゐ》る。例《たと》へば節句《せつく》の祭《まつり》の時《とき》、蓬《よもぎ》や菖《しやう》蒲《ぶ》を屋根《やね》から門口《かどぐち》に垂《た》らすのは結茅《かりはずまひ》の節《いはひ》に似《に》て居《を》り、蓬餅《よもぎもち》は苦菜《にがな》を入《い》れたパンを表《あら》はすものであるやうに思《おも》はれる。又月《またつき》の七日《か》には旅立《たびだ》ちするなといふ諺《ことわざ》は、猶太《ユダヤ》の安息《あんそく》日《にち》を守《まも》る習慣《しふくわん》から來《き》たものらしく、又《また》三、七、十二等《とう》の數《すう》を重《おも》んずるのも、猶太《ユダヤ》の風習《ふうしふ》に似《に》て居《を》る。子供《こども》が生《うま》れると宮詣《みやまゐ》りといふ事《こと》をするのは、猶太《ユダヤ》で子供《こども》を神殿《しんでん》に連《つ》れて行《い》つて獻《さゝ》げる事《こと》と似《に》て居《を》る。日本《にはん》の神社《じんじや》の構造《こうざう》は猶太《ユダヤ》の神殿《しんでん》の構造《こうざう》に似《に》て居《を》り、殊《こと》に聖所《せいじよ》と至聖所《しせいじよ》とに分《わか》れて居《を》る所《ところ》の如《ごと》きよく似《に》て居《ゐ》る。神前《しんぜん》に出《で》る時《とき》には手《て》を洗《あら》ふ習慣《しふくわん》の如《ごと》きも似《に》て居《を》る。昔《むかし》の着物《きもの》はいふ迄《まで》もなく、草鞋《わらじ》をはく處《ところ》など猶太人其儘《ユダヤじんそのまゝ》で、又京《またきやう》都《と》の大原女《おはらめ》や大島《おほしま》や琉球《りうきう》の女《をんな》が頭上《づじやう》に物《もの》を載《の》せて歩《ある》く處《ところ》も猶太人其儘《ユダヤじんそのまゝ》の風俗《ふうぞく》であり、腰《こし》に帶《おび》するといふ言《ことば》が聖書《せいしよ》にあるが、是《これ》なども日本人《にはんじん》には解《わか》るが、西洋人《せいやうじん》には解《わか》らぬ。又《また》かのバルテマイが目《め》を醫《いや》されんが爲《ため》に上衣《うはぎ》を脱《ぬ》いでイエスの許《もと》に飛出《とびだ》して來《き》たといふ如《ごと》きも、此上衣《このうはぎ》とは日本《にはん》のドテラ又《また》はチャン〳〵コのやうなもので、高貴《かうき》の人《ひと》の前《まへ》に出《で》る時着《ときき》て居《ゐ》ては失禮《しつれい》だから之《これ》を脱《ぬ》いだので、洋服《やうふく》の上衣《うはぎ》なら脱《ぬ》げば却《かへつ》て失禮《しつれい》になる。かく數《かぞ》へ來《きた》れば色々《いろ〳〵》の点《てん》に於《おい》て相似《あひに》て居《を》る事《こと》が次《つぎ》から次《つぎ》へと出《で》て來《く》る。容貌《ようばう》の点《てん》に於《おい》ては、日本人《にはんじん》は猶太人《ユダヤじん》に極《きは》めて似《に》て居《を》る。是《これ》は猶太人《ユダヤじん》の血《ち》が流《なが》れて居《を》るからであらう。私《わたくし》の友人《いうじん》が英國《えいこく》で猶太人《ユダヤじん》の集會《しふくわい》に行《い》つた時《とき》、何處《どこ》から來《き》たかと問《と》はれたから、日本《にはん》から來《き》たといふと、それではジャパニース・ジユウが來《き》たといはれたといふ。

尚此處《なほここ》で是非《ぜひ》いはねばならぬ事《こと》は琉球《りうきう》の事《こと》である。琉球人《りうきうじん》は南洋《なんやう》から渡來《とらい》して來《き》た人種《じんしゆ》であらうといふ者《もの》もあるが、彼等《かれら》は日本初代《にはんしよだい》の人種《じんしゆ》であるに違《ちがひ》ない。といふのは彼處《かしこ》では今《いま》だに平家時代《へいけじだい》の雅《みや》びた言語《ことば》を使《つか》つて居《を》る。例《たと》へば、しらべらん（知《し》り侍《はべ》らず、即《すなは》ち知《し》りません）、みそうらへ（見候《みさうら》へ、即《すなは》ち御覧《ごらん》なさい）、いよかんそうらへ（魚《イヨ》買《か》ひ候《さうら》へ、即《すなは》ち魚《うを》をお買《か》ひなさい）の類《るゐ》である。其琉球《そのりうきう》の墓《はか》が猶太國《ユダヤこく》の墓其儘《はかそのまゝ》である事《こと》は注意《ちゆうい》すべき事《こと》である。横《よこ》に穴《あな》を掘《は》り、其處《そこ》に先祖等《せんぞら》の骨《ほね》を納《をさ》め、漆喰《しつくひ》で塗《ぬ》つて立《りつ》派《は》にしてある。琉琉人《りうきうじん》は墓《はか》に多《おほ》くの金《かね》をかける。墓《はか》は身代《しんだい》の中《なか》の重《おも》なるものである。實《じつ》に立派《りつぱ》なもので、白《しろ》く塗《ぬ》りたる墓《はか》を見《み》たくば琉球《りうきう》に行《い》つて見《み》ればよい。又此琉球《またこのりうきう》には看過牛《かんかうし》とて、牛《うし》を殺《ころ》して其血《そのち》を自分《じぶん》の家《いへ》の門口《かどぐち》に塗《ぬ》り、一切《さい》の厄病《やくびやう》を拂《はら》ふ儀式《ぎしき》があるが、是《これ》は猶太《ユダヤ》の逾越節其儘《すぎこしのいはひそのまゝ》である。是《これ》は啻《たゞ》に琉球《りうきう》のみならず、大島《おほしま》にも徳《とく》の島《しま》にもあり、魔除《まよ》けといつて、牛《うし》を殺《ころ》して其血《そのち》を柱《はしら》に塗《ぬ》るといふ。尚琉球《なほりうきう》の子供《こども》の鞠歌《まりうた》に、「お父《とう》さん餅頂戴《もちてうだい》」といふのがある。是《これ》は昔目《むかしめ》に見《み》えぬ天《てん》のお父《とう》さんがパンを降《ふ》らせて其日《そのひ》〱民《たみ》を養《やしな》ひ給《たま》ふた。然《しか》るに民《たみ》の中《なか》に一人《ひとり》の怠情者《なまけもの》があつて、毎日取《まいにちと》りに行《い》く事《こと》を面倒《めんだう》に思《おも》ひ、二日分《かぶん》一緒《しよ》に取《と》つて寢《ね》て居《ゐ》たが、天《てん》のお父《とう》さんは之《これ》を見《み》てパンを降《ふ》らせる事《こと》をお止《や》めになつたから、お父《とう》さんモー一度《ど》パンを降《ふ》らせて頂戴《てうだい》といふ意味《いみ》である。是《これ》は出埃及記中《シユツエジプトキちゆう》の記事《きじ》を聽《き》くが如《ごと》くである。日本人《にほんじん》と猶太人《ユダヤじん》とは斯樣《かやう》に風俗習慣《ふうぞくしふくわん》に於《おい》て相似《あひに》て居《を》る点《てん》が多《おほ》い。之《これ》は偶然《ぐうぜん》だとして片附《かたづ》けて終《しま》う譯《わけ》には行《い》かぬのである。

小谷部《こやべ》氏《し》の「日本及《にほんおよ》び日本人《にほんじん》の起原《きげん》」の中《なか》にも、日本《にほん》の皇帝即位《くわうていそくゐ》の大嘗會等《だいしやうくわいなど》の儀《ぎ》式《しき》は舊約聖書《きうやくせいしよ》の利末記《レビキ》や申命記《しんめいき》を見《み》なければ解《わか》るまいと記《しる》してある。尙《なほ》〇〇の〇〇に就《つい》て考《かんが》へて見《み》るに、〇〇〇の〇〇は一体何《たいなん》であるかといふ事《こと》は古來色々《こらいいろ〳〵》の說《せつ》があるが、小谷部《こやべ》氏《し》はマナを入《い》れた金《きん》の壺《つぼ》であると說《と》かれた。又近松門左衞門《またちかまつもんざゑもん》の淨瑠璃《じやうるり》の中《なか》にはそれは石《いし》の鼎《かなへ》であると記《しる》してある。私《わたくし》は五十年前《ねんぜん》に其《それ》は石《いし》であるといふ事《こと》を聞《き》いた。明治維新《めいぢゐしん》の際全國《さいぜんこく》の神社《じんじや》の御神体調《ごしんたいしら》べをした時《とき》に見《み》たものかも知《し》れぬ。そして其《それ》は純金《じゆんきん》の箱《はこ》に入《い》れてあり、〇〇の代《かは》る每《ごと》に其上《そのうへ》に白絹《しらぎぬ》を覆《おほ》ふて今日《こんにち》に至《いた》つたもので、其《それ》が金《きん》の舟《ふね》に納《をさ》めてあるとの事《こと》である。私《わたくし》は唯聽《たゞき》いた事《こと》をいふより外出來《ほかでき》ぬから、其《それ》は嘘《うそ》だから取消《とりけ》せといはれゝば取消《とりけ》す。そして其石《そのいし》の上《うへ》にカルデヤの文字《もじ》が書《か》いてあるとの事《こと》であるが、思《おも》ふに今《いま》より二千五百年前《ねんまへ》、ユダヤ王國瓦解《わうこくぐわかい》に際《さい》し、契約《けいやく》の櫃《はこ》の中《なか》の石《いし》の板《いた》が何處《どこ》に行《い》つたか其所在《そのしよざい》が解《わか》らなくなつたが、此《この》十誡《かい》を記《しる》した石碑《せきひ》こそ〇〇〇の〇〇ではなからうかとさへ思《おも》はれるのである。もし然《しか》らば日本國民《にほんこくみん》が神《かみ》よりの使命《しめい》を受《う》けて起《た》つ上《うへ》に非常《ひじやう》に意味深《いみふか》い事《こと》である。然《しか》し其《それ》は石《いし》でない、間違《まちが》つて居《を》るといはれゝば其迄《それまで》であるが、私《わたくし》は聽《き》いた事《こと》から想像《さうぞう》したに過《す》ぎぬ。

次《つぎ》に〇〇の〇に就《つい》ては、日本《にほん》には其頃立派《そのころりつぱ》な劍《つるぎ》は出來《でき》なかつたのであるから、當時《たうじ》ダマスカス・ブレードといつてダマスコから産《さん》する世界《せかい》に優秀《いうしう》なるものを、我民族《わがみんぞく》が渡來《とらい》した時《とき》もつて來《き》たものではあるまいかといはれて居《を》る。次《つぎ》に〇〇の〇〇に就《つい》ては或人《あるひと》はあの玉《たま》は地中海《ちちゆうかい》と紅海《こうかい》の通《つう》ずる途中《とちゆう》に産《さん》する特殊《とくしゆ》の寶石《はうせき》の一ではないかといつて居《を》る。されば是等《これら》の事《こと》より推《お》して見《み》て、日本《にほん》の〇〇の〇〇といふ物《もの》は日本在來《にほんざいらい》の物《もの》ではなく、我祖先《わがそせん》が渡來《とらい》と共《とも》に持《も》つて來《き》た物《もの》ではあるまいかと想像《さうぞう》せられる。

私《わたくし》は是等《これら》の事《こと》を以《もつ》て直樣《すぐさまに》日本民族《にほんみんぞく》がイスラエル人《じん》だと斷言《だんげん》する者《もの》ではないが、唯我《たゞわが》大和民族《やまとみんぞく》は猶太民族《ユダヤみんぞく》と關係《くわんけい》があるらしいといふ事《こと》を御參考《ごさんかう》に申上《まをしあ》げるのである。或佛《あるフ》蘭西《ランス》の考古學者《かうこがくしや》のいつた言《ことば》に、イスラエル十二族《ぞく》の支派《わかれ》の中《うち》の二の支派《わかれ》が我等《われら》は日出《ひいづ》る國《くに》に行《ゆ》かん、其處《そこ》に行《ゆ》くには二年半《ねんはん》を要《えう》するといつて出立《しゆつたつ》したといふ傳說《でんせつ》がある、といふ事《こと》をいつて居《を》る。是《これ》に就《つい》て小谷部《こやべ》氏《し》はガドとマナセの族《やから》であらうと附加《つけくは》へて居《を》る。日本《にほん》に於《おい》て「ミカド」といふ言《ことば》は如何《いか》なる處《ところ》から出《で》たか判然《はんぜん》しないが、或《あるひ》は是《これ》はガドといふ言《ことば》から出《で》たのではあるまいか。又《また》マナセ、ミナセ、ツチミカド等《など》の姓《せい》がある。イスラエル十二族《ぞく》の中《うち》ユダとベニヤミンだけが捕囚《はしう》より解放《かいはう》せられてエルサレムに歸《かへ》り、キリストはユダの裔《すゑ》より出《い》で、パウロはベニヤミンの子孫《しそん》より生《うま》れた。現在《げんざい》世界《せかい》に千五六百萬人《まんにん》の猶太人《ユダヤじん》が居《を》るが、彼等《かれら》は皆此二《みなこの》の支派《わかれ》から出《で》て來《き》た者《もの》である。他《た》の十族《ぞく》も此中《このなか》に入《はい》つて居《を》るだらうと主張《しゆちやう》する者《もの》もある。或《あるひ》は幾分《いくぶん》は入《はい》つて居《を》るかも知《し》れぬが、失《うしな》はれし十族《ぞく》の中英國《うちえいこく》に入《はい》つて居《を》る者《もの》もある事《こと》は事實《じじつ》で、又日本《またにほん》に入《い》り込《こ》んだ者《もの》のある事《こと》も想像出來《さうぞうでき》る。日本《にほん》には一は印度洋《いんどやう》を渡《わた》つて來《きた》り、一は大陸《たいりく》を横斷《わうだん》して支那《しな》を經《へ》て來《き》たものであらう。

終《をはり》に以上《いじやう》の事實《じじつ》に從《したが》ひ、私《わたくし》の淺薄《せんぱく》なる智識《ちしき》に基《もとづ》きて結論《けつろん》すれば、日本人《にほんじん》はセム、ハム、ヤペテの三種族《しゆぞく》より成立《なりた》つて居《を》る。卽《すなは》ちセム種《しゆ》に屬《ぞく》する猶太人《ユダヤじん》とハム種《しゆ》に屬《ぞく》するヘテ人《びと》、それにヤペテ種《しゆ》の白晳人種《はくせきじんしゆ》に屬《ぞく》するアイヌ人《じん》とである。アイヌ人《じん》はアリアン、コーカシアン等《など》歐洲人《おうしうじん》と同《おな》じく白皙人種《はくせきじんしゆ》に屬《ぞく》する事《こと》はバチェラ博士《はかせ》を待《ま》たずとも知《し》られる。されば日本人《にほんじん》は單《たん》一なる人種《じんしゆ》ではない。世界中《せかいぢゆう》に是等《これら》の三種族《しゆぞく》の雜居《ざつきよ》して居《を》る處《ところ》はあるが――米國《べいこく》の如《ごと》きはそれであるが――日本《にはん》のやうに是等《これら》の三種族《しゆぞく》が雜婚《ざつこん》して一の新《あたら》しき民族《みんぞく》を生《う》み出《だ》した處《ところ》は外《はか》にない。是等《これら》の人種《じんしゆ》が東方憧憬《とうはうどうけい》によりて打《う》つて一丸《ぐわん》となつたもので、血《ち》によりていへばセム、ハム、ヤペテの血《ち》が流《なが》れて居《を》る。實《じつ》に日本民族《にはんみんぞく》は特殊《とくしゆ》の民《たみ》である。此民族《このみんぞく》こそ世界《せかい》に向《むか》つて大使命《だいしめい》を果《はた》すべき民《たみ》であると思《おも》ふ。我等《われら》は大《おほい》に自重《じちやう》したい。かゝる血《ち》が我等《われら》の中《なか》に流《なが》れて居《を》るが、況《いは》んや聖靈《せいれい》は我等《われら》の中《うち》に在《いま》し、主《しゆ》イエス再臨《さいりん》の光《ひかり》を與《あた》へられ、全世界《ぜんせかい》に向《むか》つて使命《しめい》を果《はた》すべき者《もの》とせられて居《を》るに於《おい》てをや。

第五章　天祐《てんいう》を蒙《かうむ》りし日本《にほん》

『然《され》どわが僕《しもべ》イスラエルよ、わが選《えら》めるヤコブわが友《とも》アブラハムの裔《すゑ》よ、われ地《ち》のはてより汝《なんぢ》をたづさへきたり、地《ち》のはしよりなんぢを召《めし》かくて汝《なんぢ》にいへり、汝《なんぢ》はわが僕《しもべ》われ汝《なんぢ》をえらみて棄《すて》ざりきと、おそるゝなかれ我《われ》なんぢとともにあり、驚《おどろ》くなかれ我《われ》なんぢの神《かみ》なり、われなんぢを强《つよ》くせん、誠《まこと》になんぢを助《たす》けん、誠《まこと》にわがたゞしき右手《みぎのて》なんぢを支《さゝ》へん』(以賽亞《イザヤ》

書第《しよだい》四十一章《しよう》八節《せつ》より十節《せつ》）

此聖書《このせいしよ》の言《ことば》は直接《ちよくせつ》にはアブラハムの子孫《しそん》に對《たい》する約束《やくそく》であるが、我等《われら》信仰《しんかう》によりて彼《かれ》の子《こ》とせられたる者《もの》も亦《また》信仰《しんかう》によりて此約束《このやくそく》を受《う》くる事《こと》が出來《でき》るのは幸《さいはひ》なる事《こと》である。然《しか》し更《さら》に冀《こひねが》ふところは、我同胞《わがどうはう》も亦《また》斯《かく》の如《ごと》き神《かみ》の眷顧《かへりみ》に價《あたひ》する國民《こくみん》とならん事《こと》を祈《いの》つて止《や》まざる者《もの》である。

本章《ほんしやう》に於《おい》ては天祐《てんいう》を蒙《かうむ》りし日本《にほん》と題《だい》して、歴史《れきし》の上《うへ》より我國《わがくに》が神《かみ》の攝理《せつり》の中《うち》にありし事實《じじつ》を見《み》たい。抑《そもそ》も基督教《キリストけう》は昨今《さくこん》日本《にほん》に入《はい》つて來《き》たものではなく、余程《よほど》以前《いぜん》より傳《でん》來《らい》したものである。七八十年前《ねんぜん》新教《しんけう》が傳來《でんらい》した事《こと》は人皆《ひとみな》知《し》る處《ところ》であるが、これより先《さき》三百年前《ねんぜん》、既《すで》に舊教《きうけう》即《すなは》ち天主教《てんしゆけう》が傳《つた》へられて居《ゐ》たのである。更《さら》に其《それ》よりも遠《とほ》き昔《むかし》に遡《さかのぼ》れば、今《いま》より千二三百年前《ねんぜん》、唐《たう》の時代《じだい》に景教《けいけう》なるものが日本《にほん》に入《はい》つて來《き》たが、是《これ》は唐《たう》の時代《じだい》に盛《さかん》に行《おこな》はれたネストリアンの基督教《キリストけう》である。一体《たい》基督教《キリストけう》なる名《な》は歐羅巴《ヨーロツパ》に於《おい》て用《もち》ひられた名《な》であつて、ネストリアスによりて傳《つた》へられ、東《ひがし》へ〳〵と傳《つた》はつた所謂《いはゆる》ネストリアン・クリスチヤニチーなるものは支那《しな》に入《はい》つて景教《けいけう》と呼《よ》ばれた。當時《たうじ》支那《しな》は最《もつと》も盛《さかん》なりし唐《たう》の時代《じだい》であつたが、此教《このをしへ》が盛《さかん》に傳《つた》はり、上流社會《じやうりうしやくわい》に入《い》り込《こ》んだ。支《し》那《な》に現《げん》に景教之碑《けいけうのひ》なるものがあり、之《これ》に其由來《そのゆらい》が記《しる》してある。是《これ》が日本《にほん》にも傳《つた》はつた事《こと》は歴史《れきし》の證明《しようめい》する處《ところ》で、波斯寺《ペルシヤでら》といふものが彼方此方《あちこち》に建立《こんりふ》せられ、天子《てんし》も洗禮《せんれい》を受《う》けられたと記録《きろく》してある。其頃我國《そのころわがくに》より多《おほ》くの留學生《りうがくせい》が支那《しな》に行《い》つたが、其中《そのなか》に僧《そう》の空海《くうかい》、後《のち》に弘法大師《こうぼふだいし》と謚《おくりな》せられた人《ひと》の如《ごと》きは此景教《このけいけう》を學《まな》んだであらうとは、種々《いろ〱》の事《こと》によりて證據立《しようこだ》てられて居《を》る。彼《かれ》の如《ごと》き秀才《しうさい》が此景教《このけいけう》に無關心《むくわんしん》であつたとは考《かんが》へられぬ。彼《かれ》が作《つく》つたいろは四十七文字《もじ》も實《じつ》はキリストを詠《よ》んだものであるとさへいはれて居《を》る。成程《なるほど》七文字《もじ》〱に分《わ》けて最後《さいご》の字《じ》を結《むす》びつけて見《み》ると、「咎《とが》なくて死《し》す」となつて居《を》り、キリストの贖《あがなひ》の死《し》を暗《あん》に織《お》り込《こ》んで歌《うた》つて居《を》るといへる。又眞言宗《またしんごんしう》で行《おこな》はれる灌頂式《くわんてうしき》といふのは基督教《キリストけう》の洗禮式《せんれいしき》より轉化《てんくわ》したものであるらしい。基督教《キリストけう》と眞《しん》言宗《ごんしう》との關係《くわんけい》に就《つい》ては尚興味深《なほきようみふか》い數々《かず〲》の問題《もんだい》があるが、是《これ》に就《つい》ては他日《たじつ》に譲《ゆづ》る。兎《と》に角景教《かくけいけう》の名《な》の下《もと》に傳《つた》へられし基督教《キリストけう》が、我國《わがくに》にも千二三百年前《ねんぜん》に入《い》り込《こ》んだ事《こと》は事實《じじつ》である。其景教《そのけいけう》が日本《にほん》に擴《ひろが》らずに、跡方《あとかた》もなくなつた理由《りいう》に就《つい》ては後《のち》に申上《まうしあ》げる事《こと》にする。

然《しか》らば其景教《そのけいけう》の傳來以前《でんらいいぜん》に於《おい》ては、我國《わがくに》は基督教《キリストけう》と無關係《むくわんけい》であつたかといふに、私《わたくし》の調《しら》べた處《ところ》によれば、其以前《そのいぜん》にも初代基督教《しよだいキリストけう》が日本《にほん》に傳《つた》はつて居《ゐ》たのではないかと思《おも》はれる節《ふし》が多《おほ》くある。私《わたくし》は是《これ》をプレ・ネストリアン・クリスチアニチー（景教前基督教《けいけうぜんキリストけう》）といふ。千六百年前《ねんぜん》、應神天皇《おうじんてんのう》の頃《ころ》より猶太人《ユダヤじん》が日本《にほん》に渡來《とらい》した事《こと》に就《つい》ては、既《すで》に前《ぜん》章《しやう》に於《おい》て述《の》べた。其等《それら》の猶太人《ユダヤじん》が基督教《キリストけう》を受入《うけい》れた猶太人《ユダヤじん》であつたか否《いな》かは判然《はんぜん》しないが、使徒行傳《しとぎやうでん》二章《しやう》を見《み》れば、ペンテコステの日《ひ》に於《おい》て敬虔《つゝしみ》ある猶太人及《ユダヤじんおよ》び其教《そのをしへ》に入《い》りし人々《ひと〴〵》天下《てんか》の諸國《しよこく》より來《きた》りてエルサレムに留《とゞま》つて居《ゐ》たが、悔改《くいあらた》めて靈《みたま》の火《ひ》を受《う》け、各々《おの〳〵》其故《そのこ》國《こく》に歸《かへ》つたといふ事《こと》が記《しる》してある。故《ゆゑ》にパウロは「其聲《そのこゑ》は偏《あまね》く世界《せかい》に出《い》で、その言《ことば》は地《ち》の極《はて》にまで及《およ》べり」（羅馬書《ローマしよ》十〇十八）といつて居《を》る。或人《あるひと》はこれはパウロに地理的觀念《ちりてきくわんねん》がなかつたからだといふが、然《さ》うではない。其時《そのとき》惠《めぐみ》を受《う》けた人々《ひとびと》によりて事實福音《じじつふくいん》は諸方《しよはう》に傳《つた》はつたからかくいつたのである。是等《これら》の猶太人《ユダヤじん》によりて其行《そのゆ》く處何處《ところいづこ》にも初代基督敎《しよだいキリストけう》が傳《つた》はつたと想像《さうざう》するは當然《たうぜん》である。是《これ》は今《いま》より千九百年《ねん》も前《まへ》の事《こと》である。パウロが歐羅巴《ヨーロッパ》に傳道《でんだう》するに當《あた》つて、此等《これら》の猶太人《ユダヤじん》を足場《あしば》にして福音《ふくいん》を傳《つた》へたといふ事《こと》は、我等《われら》が使徒行傳《しとぎやうでん》に於《お》いて常《つね》に學《まな》ぶ所《ところ》である。東洋諸國《とうやうしよこく》に於《お》いても其如《そのごと》く、當時諸方《たうじしよはう》に散在《さんざい》して居《ゐ》た猶太人《ユダヤじん》を足場《あしば》として傳道《でんだう》せられたのであらうと想像《さうざう》し得《え》られる。所謂《いはゆる》ネストリアン前《ぜん》の基督敎《キリストけう》は初代基督敎《しよだいキリストけう》であるが、是《これ》を東洋《とうやう》に宣《の》べ傳《つた》へた者《もの》の中最《うちもつと》も大《おほい》なる働《はたらき》をなした者《もの》はトマスである。彼《かれ》はスリヤのエデッサよりメソポタミヤ、ペルシヤ、印度《インド》に迄來《まできた》り、印度《インド》の北西《ほくせい》の處《ところ》でバラモン敎徒《けうと》の爲《ため》に殺《ころ》されたといはれて居《を》る。今《いま》一說《せつ》には更《さら》に進《すゝ》んで印度《インド》を中斷《ちゆうだん》して東方《とうはう》に進《すゝ》み、それは支那《しな》迄來《まできた》か日本迄來《にほんまでき》たかは解《わか》らぬが、其歸途《そのきと》殺害《せつがい》せられ、弟子達《でしだち》は之《これ》をスリヤのエデッサに葬《はうむ》つたといふ。又《また》バルトロマイも印度《インド》の方《はう》へ來《き》たらうといふ說《せつ》がある。兎《と》に角當時《かくたうじ》の弟《で》子《し》達《たち》は「遍《あまね》く世界《せかい》を廻《めぐ》りて凡《すべて》の人《ひと》に福音《ふくいん》を宣傳《のべつた》へよ」とか、「地《ち》の極《はて》に迄《まで》我證人《わがあかしびと》となるべし」との命令《めいれい》に従《したが》ひ、文字《もじ》通《どほ》りの地《ち》の極《はて》に迄證《まであかし》せんと非常《ひじやう》の勢《いきはひ》で傳道《でんだう》し、是以上《これいじやう》は行《ゆ》けぬといふ處《ところ》を見出《みいだ》して、其處《そこ》に福音《ふくいん》を傳《つた》へんものをと、熱心《ねつしん》に傳道《でんだう》して廻《まは》つた。されば或《あるひ》は此東洋《このとうやう》の極《はて》に迄《まで》やつて來《き》たのではないかとも想像《さうざう》される。何《なに》かさうした形《けい》跡《せき》がないかと今《いま》も尚研究中《なほけんきうちゆう》である。兎《と》に角基督教《かくキリストけう》は昨今日本《さくこんにほん》に傳《つた》はつたのではなく、余《よ》程昔《ほどむかし》から傳《つた》はつて居《ゐ》たものである。幾度《いくたび》か傳《つたは》つて來《き》たのであるが、唯永續《たゞながつゞ》きがせなかつた迄《まで》で、私《わたくし》は日本《にほん》は四回目《くわいめ》の恩惠《めぐみ》に浴《よく》して居《を》るのであらうと考《かんが》へて居《を》る。景教傳《けいけうでん》來《らい》の時《とき》と天主教傳來《てんしゆけうでんらい》の時《とき》、それに新教渡來《しんけうとらい》の時《とき》は明白《めいはく》であるが、其前《そのまへ》にも傳《つた》はつたとすれば、四回《くわい》になる。いづれにして昨今傳《さくこんつた》はつた新《あたら》しき教《をしへ》と思《おも》ふのは淺見《せんけん》である。

かく日本《にほん》に幾度《いくたび》も基督教《キリストけう》が傳《つた》はつたが、どれだけの範圍迄廣《はんゐまでひろ》まつたか、又《また》どれだけの人《ひと》が信者《しんじや》になつたかは解《わか》らぬ。早《はや》くから傳《つた》はつたに拘《かゝは》らず、立消《たちき》えのやうな有様《ありさま》になつたのは殘念《ざんねん》のやうであるが、是《これ》は神《かみ》が攝理《せつり》の中《うち》に廣《ひろ》まる事《こと》を許《ゆる》し給《たま》はなかつたので、深《ふか》い意味《いみ》があると思《おも》はれる。ネストリアンの基督教《キリストけう》は支那《しな》に於《おい》て多少《たせう》異教的臭味《いけうてきくさみ》を帯《お》びて來《き》た。卽《すなは》ち死者《ししや》を祭《まつ》り、死者《ししや》の冥福《めいふく》を祈《いの》るといふやうになつて來《き》た。されば神《かみ》は斯《かゝ》る支那《しな》に於《おい》て亞細亞《アジア》の異教的臭味《いけうてきくさみ》を帯《お》びて來《き》た基督教《キリストけう》が日本《にほん》に廣《ひろ》まる事《こと》を許《ゆる》し給《たま》はなかつたのである。もし斯《かゝ》る基督教《キリストけう》が日本《にほん》に廣《ひろ》まつて根《ね》を下《お》ろしたならば、今頃《いまごろ》日本《にほん》が如何《どう》なつて居《ゐ》た事《こと》かを思《おも》ふ時《とき》、我等純福音《われらじゆんふくいん》を信《しん》ずる者《もの》は殘念《ざんねん》に思《おも》はぬどころか却《かへつ》て神《かみ》の攝理《せつり》を知《し》つて感謝《かんしや》する者《もの》である。

次《つぎ》に天祐《てんいう》を蒙《かうむ》りし日本《にほん》といへば誰人《なんびと》も思《おも》ひ出《だ》すのは、かの弘安《こうあん》の役《えき》の事《こと》である。今《いま》より六百五十一年《ねん》、邦紀《はうき》千九百四十一年《ねん》の五月《ぐわつ》、元《げん》の忽必烈《クブライ》が兵《へい》十萬《まん》を差向《さしむ》けて我國《わがくに》を侵《をか》さんとした。此元寇《このげんこう》こそは我國《わがくに》にとつての一大警鐘《だいけいしやう》で、此時我國《このときわがくに》は累卵《るゐらん》の危《あやふ》きにあつたが奇跡的《きせきてき》に救《すく》はれた事《こと》は、我々日本人《われ〳〵にほんじん》に取《と》つては忘《わす》るゝ能《あた》はざる所《ところ》である。是《これ》より先我國《さきわがくに》は約《やく》千年《ねん》に亘《わた》る長《なが》い間《あひだ》、凡《すべ》てに於《おい》て支那《しな》の教育《けういく》を受《う》けて來《き》た。當時《たうじ》支那《しな》は漢《かん》、唐《たう》、宋《さう》にかけての、支那《しな》に於《お》ける最《もつと》も文化《ぶんくわ》の發達《はつたつ》せる時代《じだい》であり、文物燦然《ぶんぶつさんぜん》たるものがあつた故《ゆゑ》、其支那《そのしな》文明《ぶんめい》が凄《すさま》じい勢《いきはひ》で日本《にほん》に入《い》り込《こ》んで來《き》た時《とき》、日本《にほん》は一も支那《しな》、二も支那《しな》と、支那《しな》を謳歌《おうか》し、盛《さかん》に支那《しな》に模倣《もはう》したものである。漢語《かんご》は其頃我國《そのころわがくに》に傳《つたは》つて來《き》たものであり、又唐《またたう》の時代《じだい》には我國《わがくに》より多《おほく》の留學生《りうがくせい》が彼地《かのち》へ渡《わた》つた。かゝる時《とき》には兎角民族《とかくみんぞく》の自覺《じかく》（Racial Consciousness）が失《う》せ易《やす》く、無暗《むやみ》に外國《ぐわいこく》を模倣《もはう》したがるものである。明治初年《めいぢしよねん》に於《おい》ては歐化主義《おうくわしゆぎ》が我國民《わがこくみん》を風靡《ふうび》した如《ごと》く、當時《たうじ》は大《おほい》に支那《しな》かぶれに陷《おちい》つた。呉服太物《ごふくふともの》とは呉《ご》の服《ふく》といふ意味《いみ》であるのも其《その》一例《れい》である。斯《か》ゝる時此元寇《ときこのげんこう》といふ一大事變《だいじへん》の突發《とつぱつ》によつて我國民《わがこくみん》は眼醒《めざ》めさせられたのである。

却說支那《さてしな》に於《おい》ては宋《さう》が滅《ほろ》び、元《げん》の時代《じだい》となつた。かの成吉思汗《ジンギスカン》が蒙古《もうこ》より起《おこ》つて破《は》竹《ちく》の勢《いきはひ》を以《もつ》て歐洲《おうしう》に迄《まで》攻め入《い》り、今《いま》のダニューブ河《がは》の邊《ほと》り迄征服《までせいふく》して、歐洲《おうしう》の東部《とうぶ》は皆彼《みなかれ》の版圖《はんと》に歸《き》した。されば歐羅巴《ヨーロツパ》の帝王等《ていわうたち》は蒙古《もうこ》に使節《しせつ》を遣《つか》はして御機嫌《ごきげん》をとるといふ有樣《ありさま》であり、基督信者等《キリストしんじやたち》も縮《ちゞ》み上《あが》つて居《ゐ》たものである。其成吉思汗《そのジンギスカン》に嗣《つ》いで起《おこ》り、支那《しな》を統《とう》一したのが彼《か》の忽必烈《クブライ》である。彼《かれ》は向《むか》ふ處敵《ところてき》なき有樣《ありさま》で四隣《りん》を平定《へいてい》し、遂《つひ》に國號《こくがう》を元《げん》と改《あらた》むるに至《いた》つた。（此忽必烈《このクブライ》の下《もと》に伊太利《イタリー》ヴェニスの商人《しやうにん》のマルコポロも居《ゐ》たのである）。此忽必烈《このクブライ》は中々《なか〳〵》狡猾《かうくわつ》な男《をとこ》で、今《いま》も宗教《しゆうけう》を利用《りよう》せんとする者《もの》がある如《ごと》く、彼《かれ》は當時《たうじ》亞細亞《アジア》や蒙古《もうこ》に偉《えら》い勢《いきほひ》で傳《つた》はつて居《ゐ》た景教《けいけう》や回々教《フイ〳〵けう》を利用《りよう》して己《おの》が國《こく》土《ど》の擴張《くわくちやう》を企《くはだ》てたのである。彼《かれ》は回々教徒《フイ〳〵けうと》が宗教《しゆうけう》の力《ちから》を以《もつ》て國土《こくど》の擴張《くわくちやう》を圖《はか》るのを見《み》て之《これ》に倣《なら》ひ、先《ま》づ景教《けいけう》の牧師《ぼくし》を抱《だ》き込《こ》んで歐羅巴諸國《ヨーロッパしよこく》へ探偵《たんてい》に出《だ》した。其中《そのうち》の一人《り》にマコと呼《よ》ぶ蒙古人《もうこじん》があり、後《のち》にバグダッドで景教《けいけう》の大監督《だいかんとく》と迄《まで》なつたといふ事《こと》である。當時《たうじ》の歐羅巴《ヨーロッパ》はかの有名《いうめい》なる十字軍《じぐん》が聖地恢復《せいちくわいふく》の爲《ため》に奮起《ふんき》した頃《ころ》で、其第《そのだい》七次《じ》出兵《しゆつへい》が失敗《しつぱい》に歸《き》して、回々教徒《マホメットけうと》の爲《ため》に散々《さん〴〵》な目《め》に遇《あ》はされ、エルサレムを取返《とりかへ》し損《そこな》つたのを見《み》た忽必烈《クブライ》はマホメット教徒《けうと》をも抱《だ》き込《こ》み始《はじ》めた。

此忽必烈《このクブライ》が非常《ひじやう》な勢《いきほひ》を以《もつ》て日本《にはん》に對《たい》し、先《ま》づ五人《にん》の使者《ししや》を遣《つか》はした。其中《そのなか》にはマホメット教徒《けうと》も居《を》り、其名《そのな》はサラデンと呼《よ》ばれた事《こと》が歷史《れきし》に出《で》て居《を》る。是《これ》は忽必烈《クブライ》が歐《おう》洲諸國《しうしよこく》には景教《けうけう》の者《もの》を探偵《たんてい》に遣《つか》はした如《ごと》く、マホメット教徒《けうと》を利用《りよう》して國《くに》を廣《ひろ》めんとする魂膽《こんたん》であつたのである。時《とき》の執權北條時宗《しつけんほうでうときむね》は齡僅《としわづ》か十八歳《さい》の若年《じやくねん》であつたが、こんな書《しよ》を我國《わがくに》に寄越《よこ》すとは何事《なにごと》だと許《ばか》り、此《この》五人《にん》の使者《ししや》を七里《り》ヶ濱《はま》に於《おい》て斬殺《きりころ》して終《しま》つた。其處《そこ》で忽必烈《クブライ》は烈火《れつくわ》の如《ごと》く憤怒《ふんど》し、一小島國《せうとうこく》の癖《くせ》に何《なん》たる不禮《ぶれい》ぞ、一潰《つぶ》しにしてくれんとて兵《へい》十萬《まん》を差向《さしむ》け、一擧《きよ》朝鮮《てうせん》を乘《の》つ取《と》り、日本《にはん》に攻《せ》めて來《き》たのである。此《この》時《とき》は實際《じつさい》我國《わがくに》に取《と》つて危急存亡《ききふそんばう》の秋《とき》で、此時《このとき》始《はじ》めて長《なが》い間《あひだ》の支那《しな》崇拜《すうはい》より脱《だつ》して、我《われ》々《われ》は日本人《にはんじん》だといふ意識《いしき》を確實《かくじつ》にしたのである。而《しか》して貴賤貧富老若男女《きせんひんぷらうじやくなんによ》を問《と》はず、國《くに》を擧《あ》げて此國難《このこくなん》に處《しよ》し、眞《しん》に擧國《きよこく》一致《ち》の行動《かうどう》を以《もつ》て之《これ》に當《あた》つたのである。畏《おそ》れ多《おほ》くも龜山天皇《かめやまてんのう》は御自《おんみ》づから伊勢大廟《いせたいべう》に詣《まう》でられ、身《み》を以《もつ》て之《これ》に殉《じゆん》ぜんと祈願遊《きぐわんあそ》ばされ、國中何處《くにぢゆういづこ》の社寺《しやじ》に於《おい》ても祈願《きぐわん》が捧《さゝ》げられた。此時《このとき》かの日蓮《にちれん》が起《た》つたが、啻《たゞ》に日蓮《にちれん》のみならず、神官《しんくわん》も佛僧《ぶつさう》も百姓《しやう》も町人《ちやうにん》も皆《みな》、我等《われら》は日本人《にはんじん》である夷等《ゑびすなど》に敗《ま》けてたまるものかと奮起《ふんき》した。其結果《そのけつくわ》は物《もの》の見事《みごと》に日本《にはん》が勝《か》ち、元《げん》の軍勢《ぐんぜい》は全滅《ぜんめつ》して終《しま》つた。伊勢《いせ》の神風《かみかぜ》があつたからだといはれて居《を》るが、兎《と》に角《かく》我國《わがくに》に天祐《てんいう》の加《くは》はつた事《こと》は爭《あらそ》はれぬ事《こと》である。

私《わたくし》は此處《こゝ》で戰爭《せんさう》の話《はなし》をするのが目的《もくてき》ではない。もしあの時日本《ときにほん》が負《ま》けて居《ゐ》たら如何《どう》なつて居《ゐ》たであらうかと考《かんが》へる時《とき》、慄然《りつぜん》たらざるを得《え》ない。宗敎的《しゆうけうてき》にも全《まつた》く危險《きけん》の時《とき》であつた事《こと》を思《おも》はねばならぬ。かの時回々敎徒《ときフイ〱けうと》が使者《ししや》の中《なか》に居《ゐ》たといふ事《こと》を既《すで》にいつたが、當時《たうじ》回々敎徒《フイ〱けうと》は片手《かたて》にコーラン（經典《けいてん》）を携《たづさ》へ、片手《かたて》に劍《つるぎ》を提《ひつさ》げて、劍《つるぎ》の影《かげ》に天國《てんごく》あり、信《しん》ぜぬ者《もの》は片端《かたつぱし》から打殺《うちころ》すぞと、偉《えら》い勢《いきほひ》で進《すゝ》んで居《ゐ》たが、其後《そのうしろ》には歐羅巴《ヨーロツパ》諸國《しよこく》を無人《むじん》の境《きやう》を進《すゝ》むが如《ごと》き勢《いきほひ》を以《もつ》て征服《せいふく》した元《げん》が扣《ひか》えて居《ゐ》た。もしあの時《とき》に日本《にほん》が負《ま》けない迄《まで》も妥協《だけふ》でもしたのなら、回々敎《フイ〱けう》が偉《えら》い勢《いきほひ》で日本《にほん》に傳《つた》はつたであらうと思《おも》ふと、神《かみ》が此時日本《このときにほん》の爲《ため》に大敵《たいてき》を喰《く》ひ止《と》め給《たま》ふた事《こと》を、宗敎上《しゆうけうじやう》の立場《たちば》からも大《おほい》に感謝《かんしや》せねばならぬのである。現《げん》に回々敎《フイ〱けう》の盛《さかん》なる國《くに》に神《かみ》の祝福《しゆくふく》が無《な》くなつて居《ゐ》る事《こと》を見《み》るにつけ、北條時宗《ほうでうときむね》の英斷《えいだん》に對《たい》しても感謝《かんしや》せずに居《を》られぬ。然《しか》し其裏《そのうら》に神《かみ》の攝理《せつり》の御手《みて》が加《くは》はつて居《ゐ》た事《こと》はいふ迄《まで》もない。

此處《こゝ》で附加《つけくは》へていつて置《お》きたいのは、其時《そのとき》支那《しな》に傳《つた》はつたマホメット教《けう》は今尚殘《いまなほのこ》つて居《を》り、西方滿洲《せいはうまうしう》にかけて約《やく》三千萬人《まんにん》の仝教徒《どうけうと》が散在《さんざい》して居《を》る。當時《たうじ》景教《けいけう》も傳《つた》はつたがマホメット教《けう》の暴力主義《ばうりよくしゆぎ》に對抗出來《たいかうでき》ず、マホメット教《けう》に改宗《かいしゆう》を强《し》ひられて之《これ》に應《おう》ぜぬ者《もの》はドシ〳〵殺《ころ》された。卽《すなは》ち小亞細亞《せうアジア》、波斯《ペルシヤ》、北支那《きたしな》、蒙古《もうこ》、滿洲等《まんしうなど》にあつた景教徒《けいけうと》は全部改宗《ぜんぶかいしゆう》させられるか、或《あるひ》は殺害《せつがい》せられるかして、跡形《あとかた》もなくなつて終《しま》つた。當時《たうじ》景《けい》教《けう》の根據地《こんきよち》は支那《しな》の西南《せいなん》のペルシヤで、支那《しな》を通《つう》じて日本《にほん》にも來《き》たのであるが、支那《しな》の景教徒《けいけうと》がマホメット教徒《けうと》に依《よつ》て滅《ほろ》ぼされた爲《た》め、日本《にほん》の景教徒《けいけうと》はペルシヤの本部《ほんぶ》との交通《かうつう》が中斷《ちゆうだん》せられ、遂《つひ》に我國《わがくに》の景教徒《けいけうと》は佛教《ぶつけう》と妥協《だけふ》して其本來《そのほんらい》の教《をしへ》を失《うしな》つて終《しま》つた。然《しか》し是《これ》は却《かへつ》て喜《よろこ》ぶべき事《こと》であつたのである。又《また》マホメット教《けう》も日本《にほん》に來《こ》なかつた事《こと》は實《じつ》に幸福《さいはひ》なる事《こと》であつた。(因《ちなみ》に當時《たうじ》歐羅巴《ヨーロツパ》に傳《つた》はつた基督教《キリストけう》は希臘語《ギリシヤご》を用《もち》ひ、東洋《とうやう》に傳《つた》つた景教《けいけう》はスリヤ語《ご》で傳《つた》へられ、其文字《そのもじ》が蒙古《もうこ》の方《はう》に移《うつ》つてウキーグル語《ご》に用《もち》ひられるやうになつて、是《これ》が滿洲語《まんしうご》になつた。奉天《はうてん》にある淸朝《しんてう》の墓《はか》に記《しる》してある碑文《ひぶん》は明《あきら》かにスリヤ語《ご》の脱化《だつくわ》したものである事《こと》を見《み》る。これより朝鮮《てうせん》の諺文《うおんもん》が生《うま》れたのである。かく當時《たうじ》の景教《けいけう》の結果《けつくわ》は單《たん》に蒙古《もうこ》滿洲《まんしう》朝鮮《てうせん》の文字《もじ》となつて殘《のこ》つただけで、景教《けいけう》そのものは跡《あと》を絶《た》つに至《いた》つたのである。）

かくの如《ごと》く基督教《キリストけう》は日本《にほん》に傳《つた》はり始《はじ》めたが中斷《ちゆうだん》せらるゝに至《いた》り、其後《そのご》三百年《ねん》余《よ》を經《へ》て再《ふたゝ》び傳《つた》へられたのが天主教《てんしゆけう》である。是《これ》はスペイン人《じん》やポルトガル人《じん》によりて齎《もた》らされたのであるが、當時《たうじ》スペイン人《じん》は頻《しき》りに東洋發展《とうやうはつてん》を企《くはだ》て、呂宋《ルソン》（今《いま》のフイリツピン）を占領《せんりやう》し、非常《ひじやう》な勢力《せいりよく》を以《もつ》て元龜天正《げんきてんしやう》の頃《ころ》に長崎《ながさき》に入港《にふかう》した。我國《わがくに》に於《おい》て其齎《そのもた》らした文明《ぶんめい》に驚《おどろ》き、朝野《てうや》の士《し》は大《おほい》に之《これ》を歡迎《くわんげい》した爲《た》め、基督教《キリストけう》は非常《ひじやう》なる勢《いきほひ》を以《もつ》て朝野《てうや》に傳播《でんぱ》するに至《いた》つた。次《つぎ》に秀吉《ひでよし》の時代《じだい》に至《いた》るや更《さら》に廣《ひろ》く、大《おほい》なる勢《いきほひ》を以《もつ》て傳《つた》はつた。東《とう》北《ほく》の極《はて》津輕藩《つがるはん》にも此教《このをしへ》は傳《つた》はり、津輕《つがる》の最初《さいしよ》の藩主《はんしゆ》津輕爲朝《つがるためとも》は自《みづか》ら洗禮《せんれい》を受《う》けたしと申出《まうしい》でた處《ところ》、其當時《そのたうじ》しつかりした宣教師《せんけうし》が居《ゐ》たと見《み》え、妾《めかけ》を蓄《たくは》へて居《を》る爲《た》め斷《ことは》られたので、止《や》むなく其二人《そのふたり》の子供《こども》に洗禮《せんれい》を受《う》けさせたといふ。諸國《しよこく》の大名中信者《だいめうちゆうしんじや》になつた者《もの》も大分《だいぶん》あつたが、就中《なかんづく》高山右近《たかやまうこん》の如《ごと》きは基督教徒《クリスチヤン》大名《だいみやう》として名高《なだか》く、戰爭《せんさう》の時《とき》は十字架《じか》の旗《はた》を押立《おした》てて進《すゝ》んで行《い》つたものであるといふ。

然《しか》るに幾干《いくばく》もなく切支丹《キリシタン》法度《はつと》の禁令《きんれい》が出《い》で、傳道者等《でんだうしやたち》を皆外國《みなぐわいこく》に放逐《はうちく》して終《しま》うやうになつた。此禁令《このきんれい》は既《すで》に秀吉《ひでよし》の時《とき》にも發《はつ》せられたが、其後《そのご》家康《いへやす》を始《はじ》め歴代《れきだい》の徳川幕府《とくがはばくふ》は一意此方針《いこのはうしん》に則《のつと》つて鎖國主義《さこくしゆぎ》を取《と》つた。私《わたくし》は曾《かつ》ては此事《このこと》を殘念《ざんねん》に思《おも》つた事《こと》もある。もしかの時《とき》かゝる下手《へた》な事《こと》をせずに、メキシコ、カリフオルニヤ、オーストラリヤ、南洋邊《なんやうあたり》に迄《まで》手を伸《のば》して居《ゐ》たのであれば、今頃殖民地《いまごろしよくみんち》がなくて困《こま》る心配《しんぱい》など少《すこ》しもなかつたらうに、此時以來《このときいらい》三百年間日本《ねんかんにほん》は鎖國《さこく》して終《しま》つたとは、徳川幕府《とくがはばくふ》は考《かんが》へのない事《こと》をしたものだ、と大《おほい》に殘念《ざんねん》がつた事《こと》があつたが、然《しか》し私《わたくし》は先年南阿《せんねんなんあ》より南米《なんべい》、歐洲《おうしう》にかけての舊教國《きうけうこく》を視察《しさつ》した時《とき》、始《はじ》めて神《かみ》の聖旨《みむね》は那邊《なへん》にあつたかを伺《うかゞ》ひ知《し》る事《こと》を得《え》て、眞《まこと》に感謝《かんしや》した。マホメツト教國《けうこく》が衰微《すゐび》して居《を》る如《ごと》く、天主教國《てんしゆけうこく》には神《かみ》の祝福《しゆくふく》が止《や》んで居《を》る事《こと》を目撃《もくげき》したからである。もし三百年前《ねんぜん》にあの當時《たうじ》の天主教《てんしゆけう》が日本《にほん》に愈々《いよ／＼》深《ふか》く入《い》り込《こ》んで廣《ひろ》く傳《つた》はつたならば、日本《にほん》は今頃《いまごろ》どうなつて居《を》るであらう。然《しか》し感謝《かんしや》すべき事《こと》には、徳川《とくがは》が之《これ》を逐拂《おひはら》つてくれたのである。是神《これかみ》の攝理《せつり》の中《うち》にあつた事《こと》で、眞《しん》に感謝《かんしや》に堪《た》えない。最近《さいきん》スペインの例《れい》を見《み》ても解《わか》る。天主敎《てんしゆけう》の僧侶等《さうりよら》が法王《はふわう》を後楯《うしろだて》にして好《す》き勝手《かつて》な事《こと》をした爲《ため》に、遂《つひ》に國家《こくか》を危《あやう》くして終《しま》つたではないか。又《また》カトリック敎《けう》の盛《さか》んな處《ところ》では何處《どこ》でも猶太人《ユダヤじん》が虐《いぢ》められて居《を》る。されば猶太人《ユダヤじん》を虐待《ぎやくたい》する天主敎國《てんしゆけうこく》が神《かみ》の祝福《しゆくふく》を受《う》けぬのは當然《たうぜん》である。神《かみ》はアブラハムに仰《あふ》せ給《たま》ふた如《ごと》く、此選民《このせんみん》を祝《しゆく》する者《もの》を祝《しゆく》し、之《これ》を呪《のろ》ふ者《もの》を呪《のろ》ひ給《たま》ふのである。されば三百年前《ねんぜん》我國《わがくに》に渡來《とらい》して一時《じ》は非常《ひじやう》なる勢《いきほひ》を以《もつ》て上下階級《じやうげかいきふ》を蠶食《さんしよく》せんとした天主敎《てんしゆけう》が、徳川《とくがは》の彈壓《だんあつ》によつて火《ひ》の消《き》えたやうになつて終《しま》つたのは、神《かみ》が攝理《せつり》の中《うち》に徳川《とくがは》を用《もち》ひて其廣《そのひろ》まる事《こと》を許《ゆる》し給《たま》はなかつたのである。爾來《じらい》三百年我國《ねんわがくに》は鎖國主義《さこくしゆぎ》の中《うち》に閉籠《とぢこも》り、今漸《いまやうや》く世界《せかい》の表《おもて》に立《た》つて活躍《くわつやく》して居《を》るのも亦深《またふか》き神《かみ》の攝理《せつり》である。三百年間鎖國主義《ねんかんさこくしゆぎ》で押《お》し通《とほ》した事《こと》は、物質的《ぶつしつてき》にはいかにも損失《そんしつ》であつたやうに思《おも》はれるが、然《しか》し時《とき》と期《き》とを定《さだ》め給《たま》ふた神《かみ》が今日《こんにち》世界《せかい》の表《おもて》に活躍《くわつやく》せしめんとて我國《わがくに》を護《まも》り、天主教《てんしゆけう》の跋扈《ばつこ》するのを防《ふせ》ぎ、育《そだ》てゝ居給《ゐたま》ふたのである。

扨《さ》て此處《こゝ》に家康《いへやす》をして鎖國主義《さこくしゆぎ》を取《と》つて動《うご》かぬやう、彼《かれ》の腰《こし》を強《つよ》くせしめた一の逸《いつ》話《わ》がある。西暦《せいれき》千五百八十八年《ねん》、我國《わがくに》の天正年間《てんしやうねんかん》に於《おい》て西班牙《スペイン》と英國《えいこく》との間《あひだ》に大戰爭《だいせんさう》が起《おこ》つた。其原因《そのげんいん》はスペインはコロンブスの亞米利加《アメリカ》發見《はつけん》後非常《ひじやう》なる勢《いきほひ》を以《もつ》て進出《しんしゆつ》し、各國《かくこく》に通商貿易《つうしやうばうえき》を開《ひら》いて遂《つひ》に海上《かいじやう》の覇權《はけん》を握《にぎ》るに至《いた》り、之《これ》を見《み》た英國《えいこく》は何《なん》とか自《じ》分《ぶん》の方《はう》も貿易《ばうえき》を盛《さか》んにして之《これ》に對抗《たいかう》せんとしたが、到底《たうてい》西班牙《スペイン》に拮抗《きつかう》する譯《わけ》に行《ゆ》かぬ。其頃《そのころ》の英國《えいこく》の海運業者《かいうんげふしや》は半《なか》ば海賊《かいぞく》のやうなものであつたが、其英國《そのえいこく》の海賊船《かいぞくせん》が西班牙《スペイン》の商船《しやうせん》を襲《おそ》つた。之《これ》を知《し》つた西班牙《スペイン》は英國《えいこく》を膺懲《ようちよう》すべしと、無敵艦隊《むてきかんたい》百三十艘《さう》に大砲《たいはう》三百十六門《もん》を積《つ》んで攻《せ》めて行《い》つたのである。英國軍艦《えいこくぐんかん》は島陰《しまかげ》に隱《かく》れて居《を》り、西班牙艦《スペインかん》隊《たい》が威風堂々《ゐふうだう〱》ドーバー海峽《かいけふ》に乘込《のりこ》んで來《き》たのを待《ま》つて其後《そのうしろ》に廻《まは》り、時恰《ときあた》かも烈風暴《れつぷうあ》れ狂《くる》ふ時《とき》、風上《かざかみ》より後《うし》ろから不意撃《ふいうち》に砲彈《はうだん》を浴《あび》せかけた。何《なに》せ今《いま》とは違《ちが》つて帆前船《はまへせん》の事《こと》ではあり、烈風《れつぷう》の中《うち》ではあり、風上《かざかみ》からドン〳〵撃《う》たれるので、自由《じいう》に神速《しんそく》の行動《かうどう》を取《と》る譯《わけ》には行《ゆ》かず、大狼狽《おほあわて》に慌《あわ》てて唯逃《たゞに》げ出《だ》したが、スコツトランドの北迄來《きたまでき》た時《とき》、暗礁《あんせう》に乘《の》り上《あ》げて沈沒《ちんぼつ》して終《しま》ひ、無事《ぶじ》に本國西班牙《ほんごくスペイン》に歸《かへ》つた者《もの》は極《きは》めて僅《わづ》かで實《じつ》に悲慘《さん》なる敗北《はいぼく》をした。爾來英國《じらいえいこく》は代《かは》つて海上《かいじやう》の覇權《はけん》を握《にぎ》るに至《いた》つたのである。其頃英國《そのころえいこく》は新敎勃興《しんけうぼつこう》の時代《じだい》で、戰爭《せんさう》は舊敎《きうけう》の西班牙《スペイン》と新敎《しんけう》の英國《えいこく》との宗敎戰爭《しゆうけうせんさう》の觀《くわん》があつた。當時西班牙《たうじスペイン》は英國《えいこく》の舊敎徒《きうけうと》が裏切《うらぎ》つて自分《じぶん》の方《はう》につくであらうと秘《ひそ》かに期待《きたい》して居《ゐ》たが、是《これ》は西班牙《スペイン》の認識不足《にんしきふそく》で、舊敎徒《きうけうと》も新敎徒《しんけうと》と結束《けつそく》して西牙班《スペイン》に向《むか》つたのである。序《ついで》ながら申《まう》して置《お》くが、もし日米戰爭《にちべいせんさう》でも起《おこ》つたならば日本《にほん》の基督敎徒《キリストけうと》は如何《どう》するだらうなどゝ、聞《き》くだに野暮《やぼ》な事《こと》を心配《しんぱい》して居《を》る者《もの》もあるが、それは此西班牙《このスペイン》と同《おな》じ認《にん》識不足《しきふそく》から來《く》る心配《しんぱい》である。

西班牙《スペイン》が英國《えいこく》に大敗《たいはい》してより十三年後《ねんご》、慶長《けいちやう》五年關《ねんせき》ケ原《はら》に於《おい》て家康《いへやす》が勝《か》つた後《のち》、九州豐後《しうぶんご》に於《おい》て一人《ひとり》の西洋人《せいやうじん》が見付《みつか》つた。是《これ》は當時《たうじ》見馴《みな》れて居《ゐ》た西班牙人《スペインじん》とは風變《ふうがは》りの西洋人《せいやうじん》であつたので之《これ》を捕《とら》へたが、家康《いへやす》は使者《ししや》を以《もつ》て彼《かれ》を招《まね》き、伏見《ふしみ》に於《おい》て彼《かれ》を引見《いんけん》した。此男《このをとこ》はウイリアム・アダムスといふ當時《たうじ》三十一才《さい》の英國人《えいこくじん》、漂流《へうりう》して九州《しう》に上陸《じやうりく》した者《もの》で、家康《いへやす》は彼《かれ》に就《つい》て西班牙《スペイン》の國情《こくじやう》を具《つぶ》さに訊《たづ》ねた。當時《たうじ》西班牙《スペイン》の人等《ひとたち》は英國《えいこく》に負《ま》けた事《こと》など噯氣《おくび》にも出《だ》さず、西班牙《スペイン》は偉《えら》い國《くに》、強《つよ》い國《くに》で、もし日本《にほん》が反抗《はんかう》でもせやうものなら其《それ》こそ大變《たいへん》だと、唯《たゞ》嚇《おどか》して居《ゐ》たのであつたが、此《この》アダムスは家康《いへやす》に答《こた》ふるに十三年前《ねんぜん》西班牙《スペイン》は英國《えいこく》の爲《ため》に散々《さん〴〵》な目《め》に遇《あ》つて大敗《たいはい》した事《こと》を以《もつ》てして意氣《いき》軒昂《けんかう》、西班牙《スペイン》恐《おそ》るゝに足《た》らずと物語《ものがた》り、又英國《またえいこく》の宗教《しゆうけう》はプロテスタントで彼等《かれら》の宗旨《しゆうし》とは違《ちが》うと語《かた》つて聽《き》かせた。是《これ》が抑《そもそ》も家康《いへやす》をして意《い》を強《つよ》うして西班牙《スペイン》を背景《はいけい》にもつ天主教《てんしゆけう》を放逐《はうちく》するを決心《けつしん》せしめた原因《げんいん》である。アダムスは其後《そのご》十七年間《ねんかん》家康《いへやす》の顧問《こもん》として事《つか》へ、三浦《うら》按針《あんじん》と號《がう》したといふ。アンジンとは水先案内《みづさきあんない》の意《い》である。彼《かれ》は中々《なか〳〵》の學者《がくしや》で家康《いへやす》に幾何《きか》や代數《だいすう》まで敎《をし》へたといはれて居《を》る。今京橋《いまきやうばし》の按針町《あんじんちやう》といふのは彼《かれ》が住《す》んで居《ゐ》た處《ところ》で、按針塚《あんじんづか》といふのも殘《のこ》つて居《を》るといふ。

北條時宗《ほうでうときむね》が元寇《げんこう》恐《おそ》るゝに足《た》らずとて之《これ》を防《ふせ》いで大勝《たいしよう》を得《え》たのも、徳川家康《とくがはいへやす》が西班牙《スペイン》恐《おそ》るゝに足《た》らずとて舊敎《きうけう》の侵入《しんにふ》を防《ふせ》いで之《これ》を退《しりぞ》けたのも、是《これ》を偶然《ぐうぜん》といふべきではない。皆神《みなかみ》の攝理《せつり》の中《うち》にあつた事《こと》である。日本《にほん》が國家《こくか》としても又精神的《またせいしんてき》にもかく危《あやう》い處《ところ》を再三救《さいすく》はれたのは、全能《ぜんのう》の神《かみ》が我等《われら》に使命《しめい》を賦《さづ》け給《たま》はんとて、かく導《みちび》き給《たま》ふた事《こと》を思《おも》ふて感謝《かんしや》に溢《あふ》れる。元寇《げんこう》の時《とき》など信仰深《しんかうふか》き人《ひと》は伊勢《いせ》の神風《かみかぜ》があつたからだといつて居《を》るが、我等《われら》は全能《ぜんのう》の神《かみ》が我國《わがくに》を今迄護《いままでまも》り給《たま》ふた事《こと》を思《おも》ひ、我國《わがくに》の歴史《れきし》を見《み》て一種嚴《しゆおごそ》かなる感《かん》を抱《いだ》く者《もの》である。

日露戰爭《にちろせんさう》の事《こと》に至《いた》つては、我等《われら》の記憶未《きおくいま》だ新《あたら》しいものである。彼《か》の時《とき》も負《ま》けでもしたらば、今頃我國《いまころわがくに》は如何《どう》なつて居《を》るであらう。東郷大將《とうごうたいしやう》は天祐《てんいう》によりて勝《か》つたと、天祐《てんいう》といふ言《ことば》を使《つか》はれたが、大將《たいしやう》は如何《どう》いふ意味《いみ》で天祐《てんいう》といふ言《ことば》を使《つか》はれたか知《し》らぬが、或《あるひ》は漠《ばく》とした意味《いみ》であつたかも知《し》れぬが、實際《じつさい》あの時《とき》は天祐《てんいう》であつた。我等基督《われらキリスト》敎徒《けうと》は天祐《てんいう》の何《なん》たるかを明《あきら》かに知《し》つて居《を》る。天祐《てんいう》とは單《たん》なる文字《もじ》の言《い》ひまはしではあるまい。唯帝國軍人《たゞていこくぐんじん》が強《つよ》かつたからだとか、日本《にほん》の海軍《かいぐん》が強《つよ》かつたからだといふ事《こと》のみに歸《き》すべきではあるまい。明治大帝《めいぢたいてい》の御言《おことば》の中《うち》にも天祐《てんいう》といふ言《ことば》がある。我國《わがくに》の歴《れき》史《し》を見《み》るに、天祐《てんいう》が我國《わがくに》の上《うへ》にあつた事《こと》を明《あきら》かに知《し》るのであるが、我等《われら》は今後《こんご》も更《さら》に天祐《てんいう》を我國《わがくに》の爲《ため》に祈《いの》らねばならぬ。唯漠《たゞばく》として祈禱《いのり》をなすのでなく、全地《ぜんち》を治《しろし》めし又《また》此民族《このみんぞく》に特別《とくべつ》の使命《しめい》を托《たく》し給《たま》ふ神《かみ》の御指導《ごしだう》によりて今《いま》かくあるを思《おも》ひ、今《いま》の危急《ききふ》の秋《とき》にも將來《しやうらい》の爲《ため》にも、此神《このかみ》の御指導尚《ごしだうなほ》一層加《さうくは》はらん事《こと》を大《おほい》に祈《いの》らねばならぬ。今《いま》や我等《われら》は日本國民《にほんこくみん》として實《じつ》に重大《じゆうだい》なる場合《ばあひ》に遭遇《さうぐう》して居《を》る。今我國《いまわがくに》は武器《ぶき》の戰爭《せんさう》ではないが世界《せかい》を相手《あひて》に戰《たゝか》つて居《を》るのである。我國《わがくに》に世界《せかい》を相手《あひて》に戰《たゝか》つて行《ゆ》く事《こと》の出來《でき》る軍人《ぐんじん》や外交官《ぐわいかうくわん》のある事《こと》は實《じつ》に感謝《かんしや》に堪《た》えない。今《いま》ジュネーヴに於《おい》て我國《わがくに》の代表諸君《だいへうしよくん》は智謀《ちばう》を廻《めぐ》らして奮闘論戰《ふんたうろんせん》して居《を》らるゝが、我《われ》等はかの人々《ひと〴〵》の知《し》らざる祈禱《いのり》の武器《ぶき》をもつて居《を》る。此民族《このみんぞく》に使命《しめい》を與《あた》へて今日迄《こんにちまで》護《まも》り導《みちび》き給《たま》ひし神《かみ》よ、更《さら》に此後《このゝち》も導《みちび》き助《たす》けて我民《わがみん》族《ぞく》の使命《しめい》を全《まつた》うせしめ給《たま》へと祈《いの》らねばならぬ。此實《このじつ》に嚴《おごそ》かなる秋《とき》に於《おい》て、我等《われら》は日本《にほん》國民《こくみん》なりといふ大意識《だいいしき》と共《とも》に我等《われら》は特《とく》に神《かみ》に選《えら》ばれし者《もの》なりとの確信《かくしん》を新《あらた》にし、我國《わがこく》民《みん》が神《かみ》に護《まも》られて其大使命《そのだいしめい》を遂行《すゐかう》するに至《いた》るべき事《こと》を力《ちから》を盡《つく》して祈《いの》るべきである。

第六章　日本《にほん》に於《お》ける基督教《キリストけう》運動《うんどう》に關《くわん》する聖句《せいく》

約束の成就する迄廢せざる民――日出る處（ミヅラホ）に聖榮表はるゝとの約束――日本に於ける主の御業――殊にリバイバルを受けし小き群――光は東より――初代信者埋葬の風習と復活の望――ミヅラホとミヅホの國――此二の語の意義――瑞穗の國に於ける神の祝福――日本と附近の島嶼に關する預言――歐洲聖書註釋家の偏見と東の極に關する預言――五大强國と日の邑の預言――日本將來に關する約束と祈禱の必要

愈々《いよ〳〵》私《わたくし》のいはんとする本論《ほんろん》に移《うつ》るが、此章《このしやう》に於《おい》ては日本《にほん》に於《お》ける基督教運動《キリストけううんどう》に關《くわん》する聖書《せいしよ》の言《ことば》を見《み》たい。

『われ誠《まこと》に爾曹《なんぢら》に告《つげ》ん、此等《これら》の事《こと》悉《こと〴〵》く成《な》るまでは此民《このたみ》は廢《う》せざるべし』（馬太傳《マタイでん》二十四章《しやう》三

十四節《せつ》）

此聖書《このせいしよ》の言《ことば》は明《あきら》かにイスラエル選民《せんみん》に關《くわん》する聖言《みことば》で、一切《さい》の預言《よげん》が成就《じやうじゆ》する曉《あかつき》まで選民《せんみん》は決《けつ》して失《う》せない事《こと》を保證《はしよう》するものである。私《わたくし》は此言《このことば》を我日本人《わがにはんじん》に當箝《あては》めて見《み》たい。 私《わたくし》は我日本人《わがにはんじん》も神《かみ》が日出《ひいづ》る國《くに》に與《あた》へ給《たま》ふた約束《やくそく》を 悉《ことごと》く成就《じやうじゆ》し給《たま》ふ迄《まで》は決《けつ》して廢《う》せざるべしとの大確信《だいかくしん》を抱《いだ》くものである。 私《わたくし》は聖書《せいしよ》の上《うへ》より此日本《このにはん》に神《かみ》の榮光《えいくわう》が驚《おどろ》くべく表《あら》はれるといふ事《こと》を信《しん》ずる者《もの》である。 私《わたくし》が日本人《にはんじん》だから其《それ》を願《ねが》ふといふのでなく、 聖書《せいしよ》の上《うへ》より信《しん》ずるのである。 此國《このくに》に神《かみ》の榮光《えいくわう》が表《あら》はれるといふ多《おほく》の約束《やくそく》が聖書《せいしよ》の中《なか》に與《あた》へられて居《を》る事《こと》は感謝《かんしや》の至《いた》りである。

『ぜんのうの神《かみ》ヱホバ詔命《みことのり》して日のいづるところより日《ひ》のいるところまであまねく地《ち》をよびたまへり』（詩篇《しへん》五十篇《べん》一節《せつ》）

『日のいづる處より日《ひ》のいる處《ところ》までヱホバの名《みな》はほめらるべし』（詩篇《しへん》百十三篇《べん》三節《せつ》）

『西方《にしのかた》にてヱホバの名をおそれ日のいづる所にてその榮光《えいくわう》をおそるべし』（以賽亞書《イザヤしよ》五十九章《しやう》十九節《せつ》）

『日の出る處より沒《い》る處《ところ》までの列國《くにぐに》の中《うち》に我名《わがな》は大《おほい》ならん』（馬拉基書《マラキしよ》一章《しやう》十一節《せつ》）

是等《これら》は唯文學的《たゞぶんがくてき》の言《い》ひ方《かた》ではない。日出《ひいづ》る處《ところ》とは日本《にほん》を指《さ》して居《を》ると私《わたくし》は信《しん》ずる。イザヤは今《いま》より二千七百年《ねん》も前《まへ》、未《いま》だ日本《にほん》などは形《かたち》をなして居《ゐ》なかつた時《とき》から、聖靈《せいれい》によりて此事《このこと》を預言《よげん》したのである。日出《ひいづ》る處《ところ》とは希伯來語《ヘブルご》で「ミヅラホ」で、東方日《とうはうひ》出《いづ》る國《くに》に於《おい》て實際神《じつさいかみ》は御榮《みさかえ》を表《あら》はして居給《ゐたま》ふのである。世界《せかい》の宣敎歷史始《せんけうれきしはじま》つて以來《いらい》、日本《にほん》の宣敎運動《せんけううんどう》ほど著《いちじる》しく進步《しんぽ》したものはないといふ事《こと》である。啻《たゞ》に統計表《とうけいへう》の上《うへ》からばかりでなく、事實神《じじつかみ》は我國《わがくに》に妙《たへ》なる御業《みわざ》をなして居給《ゐたま》ふのである。短《みぢか》い年月《としつき》であつたが、上下《じやうげ》あらゆる階級《かいきふ》に福音《ふくいん》は宣傳《のべつた》へられて居《を》る。人數《にんずう》は僅《わづか》でも神《かみ》の榮《さかえ》は確《たしか》に表《あら》はれて居《を》る。我等《われら》の群《むれ》には一昨年來《さくねんらい》リヴイヴルを起《おこ》し給《たま》ふて、少數《せうすう》ではあるが日本《にほん》にある聖潔《きよめ》を信《しん》ずる群《むれ》を目《め》醒《ざま》し給《たま》ふた。此リヴイヴルの結果唯信仰《けつくわたゞしんかう》が復興《ふくこう》したのみでなく、神《かみ》の深《ふか》き聖旨《みむね》を悟《さと》らしめられ、殊《こと》に主《しゆ》イエスキリストの再臨《さいりん》に就《つい》ての約束《やくそく》が新《あらた》に開示《かいし》せられ、又啻《またたゞ》に再臨《さいりん》の光《ひかり》をもつといふのみならず、主《しゆ》イエスよ來《きた》り給《たま》へと聖徒《せいと》が心《こゝろ》を合《あは》せて祈《いの》り、再臨《さいりん》を早《はや》める爲《ため》に盡《つく》す者《もの》となし給《たま》ふた。今世界《いませかい》の何處《いづこ》に我々《われ〳〵》の群《むれ》以上《いじやう》に惠《めぐ》まれて居《を》る處《ところ》があるかないかは知《し》らぬが、再臨《さいりん》の切迫《せつぱく》が今日程《こんにちほど》鮮《あざ》やかに啓示《けいし》せられた時代《じだい》はなかつたらうと思《おも》はれる迄《まで》に、我等《われら》の群《むれ》に此事《このこと》を示《しめ》し、祈《いのり》の靈《れい》を注《そゝ》いで言《い》ひ難《がた》き慨歎《なげき》を以《もつ》て切《せつ》に主《しゆ》の再臨《さいりん》の爲《ため》に祈《いの》らしめて居給《ゐたま》ふのである。我國《わがくに》の聖潔《きよめ》を信《しん》ずる者《もの》は少數《せうすう》ではあるが、主《しゆ》イエスの聖名《みな》が崇《あが》めらるゝやうに切《せつ》に祈《いの》り、又主《またしゆ》イエスが來《きた》り給《たま》ふ事《こと》を眞《しん》に心《こゝろ》の底《そこ》から待望《まちのぞ》んで居《を》るのである。是《これ》は實《じつ》に何《なん》といふ貴《たふと》い御眷顧《おんかへりみ》であらう。全世界《ぜんせかい》は最暗黑《さいあんこく》の幕《まく》に包《つゝ》まれて、活《いけ》る神《かみ》の聖名《みな》が極度《きよくど》に汚《けが》されつゝある今日《こんにち》、此東邦《このとうはう》の異邦國日本《いはうこくにはん》に於《おい》てかくも主《しゆ》の聖名《みな》が崇《あが》められ、少數《せうすう》ながら生命《いのち》懸《が》けで主《しゆ》の再臨《さいりん》を早《はや》からしむる爲《ため》に使命《しめい》にいそしんで居《を》る者《もの》のある事《こと》は、以上《いじやう》の聖言《みことば》の成就《じやうじゆ》の一の顯《あら》はれではあるまいか、基督教《キリストけう》がアフリカや印度《インド》、或《あるひ》は支那《しな》に傳《つた》はつて居《を》るといふ意《い》味《み》で、此日本《このにほん》に於《おい》て聖榮《みさかえ》が表《あら》はれて居《を》るといふのではない。神《かみ》は此日《このひ》出《いづ》る國《くに》に於《おい》て驚《おどろ》くべき榮光《えいくわう》を表《あら》はさんとして居給《ゐたま》ふのである。

『時《とき》にイスラエルの神《かみ》の榮光東《えいくわうひがし》よりきたりしがその聲大水《おとおほみづ》の音《おと》のごとくにして地《ち》その榮光《えいくわう》に照《てら》さる』『ヱホバの榮光東向《えいくわうひがしむき》の門《もん》よりきたりて室《いへ》に入《い》る』（以西結書《エゼキエルしよ》四十三章《しやう》　二、四節《せつ》）

所謂《いはゆる》「光《ひかり》は東《ひがし》より」との言《ことば》は此言《このことば》から出《で》たものである。これは文字《もじ》通《どほ》り福音《ふくいん》の光《ひかり》が日《ひ》出《いづ》る國《くに》より輝《かゞや》き出《い》づる事《こと》を云《い》ふ。事實《じじつ》リバイバルの恵《めぐみ》により各教會《かくけうくわい》は面目《めんもく》を一新《しん》せられ、駸々乎《しん〳〵こ》として進《すゝ》みつゝある有様《ありさま》をみるならば、誰《たれ》も之《これ》を疑《うたが》ひ得《え》まいと思《おも》ふ。更《さら》に「光《ひかり》は東《ひがし》より」といふ事《こと》を地理的《ちりてき》に考《かんが》へる時《とき》は、いかにも興味深《きやうみふか》い。聖書《せいしよ》に於《おい》て再臨《さいりん》の主《しゆ》を象《かたど》る「曉《あけ》の明星《みやうじやう》」も「義《ぎ》の太陽《たいやう》」も共《とも》に東《ひがし》より昇《のぼ》り來《きた》るものである。されば初代《しよだい》の景教信者《けいけうしんじや》やスリヤの信者等《しんじやたち》は、その死體《したい》を葬《はう》むるに東方《とうはう》に足《あし》を向《む》け、西枕《にしまくら》にして仰向《あふむ》けに横《よこ》たへる風習《ふうしふ》であつたと傳《つた》へられて居《を》る。これは明《あき》らかに主《しゆ》の再臨《さいりん》を待《まち》望《のぞ》む態度《たいど》を示《しめ》すものであつて、復活《ふくくわつ》に際《さい》して直《す》ぐ起《お》き上《あが》られるやうにといふ配慮《はいりよ》から割出《わりだ》したものらしい。

『而《しか》して日《ひ》のいづるところより西《にし》のかたまで人々《ひと〲》我《われ》のほかに神《かみ》なしと知《しる》べし、我《われ》はエホバなり他《ほか》にひとりもなし』（以賽亞書《イザヤしよ》四十五章《しやう》六節《せつ》）

此處《こゝ》にある日《ひ》の出《いづ》る所《ところ》もヘブル語《ご》の「ミヅラホ」である。先《さき》の引照中以西結書《いんせうちゆうエゼキエルしよ》四十三章《しやう》二、三節《せつ》にある「東《ひがし》」といふ字《じ》はヘブル語《ご》のカデムであるが、之《これ》を除《のぞ》いた他《ほか》の聖句《せいく》のは全部《ぜんぶ》はミヅラホである。我國《わがくに》が昔《むかし》より豐葦原《とよあしはら》ノ瑞穗國《みづほのくに》とよばれて來《き》た事《こと》は、人《ひと》の皆《みな》よく知《し》る所《ところ》であるが、この「ミヅラホ」と「ミヅホ」とは何《なに》か關係《くわんけい》があるまいか、と今尚《いまなほ》研究中《けんきうちゆう》であるが、ともかく何《なん》となく語呂《ごろ》が似《に》てゐる。然《し》かも「ミヅラホ」とは日《ひ》出《いづ》る處《ところ》と譯《やく》してあるが、英語《えいご》の rising といふ言《ことば》で、「起《お》きる」「昇《のぼ》る」「芽《め》を出《だ》す」といふやうな意味《いみ》であり、日本語《にほんご》の「ミヅ」とは「瑞々《みづ〲》しい」、「穗《ほ》を出《だ》す」「起上《おきあが》る」、「發展《はつてん》する」といふ意味《いみ》を含《ふく》んで居《を》る。俗《ぞく》にみづ〲しいといふのは新鮮《しんせん》なる勢《いきほひ》をもつて物《もの》が出《で》て來《く》る時《とき》の形容《けいよう》である。されば新《あたら》しい齒《は》が生《は》へる事《こと》を「瑞齒《みづは》ぐい」といふのを見《み》ても解《わか》る。故《ゆゑ》に此《この》「ミヅラホ」と「ミヅホ」の關係《くわんけい》に就《つい》ては發音上《はつおんじやう》から、亦《また》その意味《いみ》の上《うへ》からの相似《さうじ》によつて兩者語原《りやうしやごげん》を同《おな》じうするものであるまいかと思《おも》はれるのである。いづれにしても神《かみ》は現在《げんざい》この瑞穂《みづほ》の國《くに》を祝福《しゆくふく》しつゝ居《ゐ》給《たま》ふのである。此國《このくに》に神《かみ》は驚《おどろ》くべき榮《さかえ》を表《あら》はして居《ゐ》給《たま》ふ。現《げん》に神《かみ》は妙《たへ》なる御業《みわざ》をなして居《ゐ》給《たま》ふ事《こと》は感謝《かんしや》にたえぬ。世《せ》界《かい》に於《おい》て基督教《キリストけう》が行詰《ゆきつま》つて居《を》る時《とき》、此日《このひ》出《いづ》る國《くに》に於《おい》て聖榮《みさかえ》を表《あら》はして居《ゐ》給《たま》ふ事《こと》は實《じつ》に感謝《かんしや》である。日本人《にほんじん》といつても何《なに》も特別《とくべつ》な人種《じんしゆ》ではないが、此國人《このこくじん》を選《えら》んで世界《せかい》に證《あか》しせしめんとして居《ゐ》給《たま》ふのである。

『この故《ゆゑ》になんぢら東《ひがし》にてヱホバをあがめ海《うみ》のしまじまにてイスラエルの神《かみ》ヱホバの名《みな》をあがむべし』（以賽亞書《イザヤしよ》二十四章《しやう》十五節《せつ》）

此處《こゝ》にある「東《ひがし》」とはヘブル語《ご》のウヽルヽ即《すなは》ち「光《ひかり》の國《くに》」といふ意味《いみ》である。こゝで東《ひがし》と海《うみ》の島々《しまじま》とを一緒《しよ》にして、此處《ここ》に神《かみ》の榮光《えいくわう》があらはるゝとある。島《しま》の多《おほ》くある處《ところ》とは地中海《ちちゆうかい》にもあるが、之《これ》は東《ひがし》の方《はう》とあるから太平洋《たいへいやう》である。即《すなは》ち是《これ》は日本《にほん》と其附近《そのふきん》の島嶼《しまぐ》でなくて何《なん》であらう。

『かれは衰《おとろ》へず喪膽《きおち》せずして道《みち》を地《ち》にたてをはらん、もろ〳〵の島《しま》はその法言《をしへ》をまちのぞむべし……海《うみ》にうかぶもの海《うみ》のなかに充《みつ》るものもろ〳〵の島《しま》およびその民《たみ》よヱホバにむかひて新《あたら》しき歌《うた》をうたひ地《ち》の極《はて》よりその頌美《ほまれ》をたゝへまつれ……榮光《えいくわう》をヱホバにかうぶらせその頌美《ほまれ》をもろ〳〵の島《しま》に語《かた》りつげよ』(以賽亞書《イザヤしよ》四十二章《しやう》四、十、十二節《せつ》)

歐羅巴《ヨーロツパ》の聖書註解者等《せいしよちゆうかいしやたち》は何《いづ》れもみな是等《これら》の聖言《みことば》は地中海《ちちゆうかい》の島々《しまぐ》を指《さ》すに相違《さうゐ》ないといふが、然《しか》しこれは東又《ひがしまた》は地《ち》の極《はて》と關係《くわんけい》ある島々《しまぐ》である事《こと》を悟《さと》らねばならぬ。其處《そこ》に神《かみ》の榮光《えいくわう》が表《あら》はれるとある。是《これ》は神《かみ》が東《ひがし》の端《はて》なる日本《にほん》に於《おい》て聖榮《みさかえ》を表《あら》はし給《たま》ふ事《こと》の預言《よげん》である。日本《にほん》に於《お》ける基督教運動《キリストけううんどう》の盛《さかん》になる事《こと》の預言《よげん》であれば、我等《われら》としては日本《にほん》とその附近《ふきん》の島嶼《しまぐ》に於《おい》て神《かみ》の榮光《えいくわう》の輝《かゞや》きが斯《かく》の如《ごと》くならん事《こと》をいよ〳〵祈《いの》り求《もと》めねばならぬ。これ約束《やくそく》せられし神《かみ》の聖言《みことば》の一言半句《げんはんく》も廢《すた》らずして成就《じやうじゆ》せらるゝ爲《ため》である。

尚驚《なほおどろ》くべき事《こと》がイザヤに依《よつ》て錄《しる》されて居《を》る。

『その日《ひ》エヂプトの地《ち》に五の邑《まち》あり、カナンの方言《くにことば》をかたりまた萬軍《ばんぐん》のヱホバに誓《ちか》ひをたてん、その中《うち》のひとつは「日《ひ》の邑《まち》」ととなへらるべし』（以賽亞書《イザヤしよ》十九章《しやう》十八節《せつ》）

此處《こゝ》に「エヂプト」とあるは、罪《つみ》に滿《み》てる全世界《ぜんせかい》を指《さ》すのである。其事《そのこと》は默示錄《もくしろく》十一章《しやう》八節《せつ》にて知《し》れる。「その屍《しかばね》は大《おほい》なる邑《まち》の衢《ちまた》にあり、此邑《このまち》を譬《たと》へてソドムと名《なづ》け亦《また》エヂプトと名《なづ》く、卽《すなは》ち主《しゆ》の十字架《じか》に懸《かけ》られ給《たま》ひし所《ところ》なり」。然《しか》しキリストはエヂプトにて十字架《じか》に釘《つけ》られ給《たま》ふたのか。否《いな》、彼《かれ》はパレスチナのエルサレム城外《じやうぐわい》にて屠《はふ》られ給《たま》ふたのである。さればエヂプトとは此世《このよ》の事《こと》で、卽《すなは》ち彼《かれ》が此世《このよ》の民《たみ》の爲《ため》に十字架《じか》に釘《つけ》られ給《たま》ふた事《こと》をかくいひあらはしたのであると見《み》るべきである。又《また》カナンの方言《くにことば》とは此《こ》の世《よ》の方言《はうげん》の意《い》で、五つの邑《まち》とは世界《せかい》の五大強國《だいきやうこく》をいふのである。元來邑《ぐわんらいまち》とは人間《にんげん》の集合《しふがふ》せる所《ところ》に對《たい》して附《ふ》せられた名稱《めいしよう》であつて、一小部分《せうぶぶん》を局限《きよくげん》すべきでなく、全體《ぜんたい》を指《さ》す。この例《れい》は默示錄《もくしろく》に見《み》られる。彼處《かしこ》に「大《おほい》なるバビロン」とあるは、全世界《ぜんせかい》の偶《ぐう》像信者《ざうしんじや》、僞基督《にせキリスト》の輩下《はいか》の集合體《しふがふたい》を指《さ》して居《を》るのである。されば「日《ひ》の邑《まち》」とあるのも、事實《じじつ》一つの國家《こくか》を指《さ》すものであると見《み》るべきもので、此《こ》は卽《すなは》ち日《ひ》の丸《まる》の國旗《こくき》を掲《かゝ》ぐる日本《にほん》にあらずして何處《いづこ》であらふ。日《ひ》の國《くに》と稱《とな》へられ得《う》る國《くに》は日本以外《にほんいぐわい》には何處《いづこ》にもない。支那《しな》の青天白日旗《せいてんはくじつき》は眞似《まね》に過《す》ぎぬ。

されば此等《これら》の數々《かず〳〵》の聖言《みことば》に從《したが》つていよ〳〵我等《われら》の確信《かくしん》を固《かた》うせらるゝ所《ところ》のものは、神《かみ》が今《いま》まで日本《にほん》をかへりみ給《たま》ふたに優《まさ》りて、今後《こんご》更《さら》に驚《おどろ》くべき榮《さかえ》を此《こ》の國《くに》に表《あら》はし給《たま》ふといふ事《こと》である。是《これ》が爲《ため》に我等《われら》は力《ちから》を盡《つく》して祈《いの》らねばならぬ。今讀《いまよ》んだ是等《これら》の聖言《みことば》は果《はた》して日本《にほん》の事《こと》をいつて居《を》るか否《いな》か、日本《にほん》の現狀《げんじやう》と比較《ひかく》して見《み》れば疑《うたが》はれる點《てん》がないでもないが、必《かなら》ずや其約束《そのやくそく》の如《ごと》く此日《このひ》出《いづ》る國《くに》に大《おほい》なる榮《さかえ》を表《あら》はし給《たま》ふに相違《さうゐ》ない。我等《われら》は此事《このこと》を信《しん》じて祈《いの》りたい。今《いま》や主《しゆ》の再臨《さいりん》が近《ちか》い、我等《われら》は患難《なやみ》の時代《じだい》に殘《のこ》る同胞《どうはう》に對《たい》して今《いま》の中《うち》に大《おほい》に警告《けいこく》すべきと共《とも》に、我等《われら》自身《じしん》も善《い》い加減《かげん》の信仰狀態《しんかうじやうたい》では此大使命《このだいしめい》は全《まつた》う出來《でき》ぬ故《ゆゑ》、我等《われら》の處世觀《しよせいくわん》も終末觀《しゆうまつくわん》も一切變《さいかは》つて終《しま》う程《ほど》に變《か》へられて、主《しゆ》を待《ま》つ者《もの》となりたい。

第七章　現今《げんこん》に於《お》ける日猶《にちユ》關係《くわんけい》

我國よりも猶太人の集めらるゝ預言――猶太人種存在は一の奇蹟又神の活る證――英外相バルフオアの約束と猶太人の歸國――ハーツル博士のシオン運動と無花果樹の萌芽――世界の中心的國民たる猶太人――福祉の基たる約束――猶太人と日本人との關係――基督者と猶太人――日露戰爭當時に於けるシーフ氏の援助――反猶太人運動の迷妄――赤色猶太人と正統信仰の猶太人――學術界軍事上の彼等の貢献――獨逸のヒトラーの反猶太人スローガン――世界の金權を握る猶太人――經濟國難の際猶太人を邪魔にするな――猶太人に害を加へぬ日本――ホーリネス教會と猶太人――猶太人の爲の禱告

『萬軍《ばんぐん》のヱホバかく云《いひ》たまふ、視《み》よ我《われ》わが民《たみ》を日《ひ》の出《いづ》る國《くに》より日《ひ》の入《い》る國《くに》より救《すく》ひ出《いだ》し、かれらを携《たづさ》へ來《きた》りてエルサレムの中《うち》に住《すま》しめん、彼《かれ》らは我民《わがたみ》となり我《われ》は彼《かれ》らの神《かみ》となりて共《とも》に誠實《まこと》と正義《たゞしき》に居《を》らん』(撒加利亞書《ゼカリヤしよ》八章《しやう》七、八節《せつ》)

此言《このことば》は頓《やが》て日《ひ》出《いづ》る國《くに》よりも猶太人《ユダヤじん》が集《あつ》めらるゝといふ預言《よげん》である。是《これ》によりても我《わが》日本《にほん》と猶太人《ユダヤじん》との關係《くわんけい》がある事《こと》を知《し》るべきである。我等《われら》は聖書《せいしよ》を信《しん》じ、聖書《せいしよ》の中《うち》に記《しる》さるゝ預言《よげん》を固《かた》く信《しん》ずる。今日迄《こんにちまで》も預言通《よげんどほ》りに萬事《ばんじ》が運《はこ》ばれて來《き》たが、今後《こんご》も預言通《よげんどほ》りに運《はこ》ばれて行《ゆ》く事《こと》を信《しん》じて疑《うたが》はぬ。聖書《せいしよ》の預言《よげん》は一点《てん》一劃《くわく》も遂《と》げ盡《つく》さずしては決《けつ》して廢《すた》らない。

猶太人《ユダヤじん》に就《つい》て何等《なんら》の偏見《へんけん》なしに之《これ》を見《み》るに、彼等《かれら》は神《かみ》の榮《さかえ》の爲《ため》に特別《とくべつ》に選《えら》ばれし民《みん》族《ぞく》である事《こと》は爭《あらそ》はれぬ。

『すべてわが名《な》をもて稱《とな》へらるゝ者《もの》をきたらせよ、我《われ》かれらをわが榮光《えいくわう》のために創《さう》造《ざう》せり、われさきにこれを造《つく》りかつ成《なし》をはれり』、『この民《たみ》はわが頌美《ほまれ》をのべしめんとて我《われ》おのれのために造《つく》れるなり』(以賽亞書《イザヤしよ》四十三章《しやう》七節《せつ》及《およ》び二十節《せつ》)此始《このはじめ》の言《ことば》は必《かなら》ずしもイスラエル人《じん》に限《かぎ》らず、主《しゆ》の名《な》を以《もつ》て稱《とな》へらるゝ凡《すべて》の民《たみ》の事《こと》であるが、後《あと》の言《ことば》はイスラエル人民《じんみん》のみに關《くわん》し、彼等《かれら》が特《とく》に其榮光《そのえいくわう》を表《あら》はさしめんとて造《つく》り給《たま》ふた民《たみ》である事《こと》を示《しめ》す。彼等猶太人《かれらユダヤじん》は世界《せかい》に於《お》ける一の奇蹟《きせき》である。奇蹟《きせき》を見《み》たくば猶太人《ユダヤじん》を見《み》よといひたい。彼等《かれら》は諸國《しよこく》に於《お》ける迫害虐待《はくがいぎやくたい》に堪《た》えて今日迄《こんにちまで》保《たも》たれて來《き》たが、神《かみ》の言《ことば》に記《しる》されある如《ごと》くに神《かみ》に從《したが》へる時《とき》には榮《さか》え、神《かみ》に反《そむ》ける時《とき》には衰《おとろ》へ、全世界《ぜんせかい》に對《たい》して神《かみ》の活《い》ける證《あかし》となつた。彼等程《かれらほど》神《かみ》に懲《こらし》められた民《たみ》はない。何《なん》千何《なん》百年《ねん》間《かん》あらゆる迫害《はくがい》を受《う》け、今《いな》も現《げん》に各國《かくこく》より虐待《ぎやくたい》せられ續《つゞ》けつゝも、而《しか》も非常《ひじやう》なる勢《いきほひ》を以《もつ》て繁殖《はんしよく》して居《を》る。大抵《たいてい》の人種《じんしゆ》ならかゝる苦《くるしみ》に遇《あ》はゞ死絶《しにた》えて終《しま》ふのであるが、彼等《かれら》は滅《ほろ》び失《う》せないどころか却《かへつ》て愈々《いよいよ》榮《さか》えて居《を》る。實《じつ》に不思議《ふしぎ》なる民《たみ》である。

千九百十四年歐洲大戰《ねんおうしうたいせん》の始《はじ》まつた時《とき》、時《とき》の英國外相《えいこくぐわいせう》バルフオア氏《し》は猶太人《ユダヤじん》に戰後《せんご》彼等《かれら》が其本國《そのほんごく》に歸還《きくわん》出來《でき》るやう取計《とりはか》つてやると言明《げんめい》したが、今《いま》や毎月《まいげつ》三千六百人宛《にんづゝ》の割《わり》で猶太人《ユダヤじん》はパレスチナに歸國《きこく》しつゝあるのである。二千六百年前《ねんぜん》より散《ち》され始《はじ》めた此《この》民《たみ》が今非常《いまひじやう》なる勢《いきほひ》にて其故國《そのこゝく》に歸《かへ》りつゝあるとは、是《これ》も一の奇跡《きせき》である。而《しか》も神《かみ》の詛《のろひ》を受《う》けて全《まつた》く荒廢《くわうはい》に歸《き》して居《ゐ》たパレスチナの地《ち》は近年再《きんねんふたゝ》び雨露《うろ》の恵《めぐみ》に浴《よく》するやうになり、彼等《かれら》の熱心《ねつしん》なる努力《どりよく》と相待《あひま》つて、今《いま》やエデンの園《その》の如《ごと》くに開拓《かいたく》せられつゝあるとの情報《じやうはう》を受《う》けて居《を》る。是奇蹟《これきせき》に非《あら》ずして何《なん》ぞ。之《これ》をしも迷信《めいしん》といはゞ驚《おどろ》くべき迷信《めいしん》である。然《しか》し是《これ》は迷信《めいしん》でも想像《さうざう》でもなく、神《かみ》が彼等《かれら》の先祖《せんぞ》アブラハムに約束《やくそく》し給《たま》ふた事《こと》を成就《じやうじゆ》し給《たま》ふが爲《ため》で、預言《よげん》の確實性《かくじつせい》を保證《ほしよう》する事實《じじつ》である。

此處《こゝ》に注意《ちゆうい》すべきは、聖書《せいしよ》に「なんぢら無花果《いちじく》によりて譬《たとへ》を學《まな》べ、其枝《そのえだ》すでに柔《やはら》かにして葉萠《はめぐ》めば夏《なつ》の近《ちか》きを知《し》る」（馬太傳第《マタイでんだい》二十四章《しやう》三十二節《せつ》）。とある言《ことば》である無花果樹《いちじくのき》とは猶太人《ユダヤじん》を謂《い》つたもので、長《なが》らく枯《か》れ果《は》てゝ居《ゐ》た詛《のろ》はれた無花果樹《いちじくのき》が今《いま》や芽《め》を吹《ふ》き出《だ》した。即《すなは》ちかの有名《いうめい》なるハーツル博士《はかせ》が同胞回復《どうはうくわいふく》の爲《ため》に起上《たちあが》り、所謂《いはゆる》シオン運動《うんどう》なるものを起《おこ》して、選民《せんみん》を故國《ここく》に送《おく》る事《こと》に努力《どりよく》して居《を》るが、聖書學者《せいしよがくしや》は其運動《そのうんどう》の始《はじ》まつた時《とき》を無花果樹《いちじくのき》が芽《め》を出《だ》した時《とき》だとして居《を》る。夏《なつ》とは何《なに》か、物《もの》の熟《じゆく》する時《とき》である。熟《じゆく》するとは物《もの》が最高《さいかう》の域《いき》に達《たつ》した時《とき》である。而《しか》して今《いま》や世界《せかい》は熟《じゆく》しきつて居《を》る爛熟《らんじゆく》の有様《ありさま》ではないか。無花果樹《いちじくのき》の葉《は》めぐめば夏《なつ》の近《ちか》きを知《し》れ、即《すなは》ち猶太人《ユダヤじん》が目醒《めさ》め出《だ》して來《き》たならば、此時代《このじだい》の終《をはり》が近《ちか》い事《こと》を知《し》つて備《そな》へせよとの預言的警告《よげんてきけいこく》である。而《しか》して彼《かれ》等猶太人《らユダヤじん》は今《いま》や目醒《めさ》めて來《き》て居《を》る。民族《みんぞく》として目醒《めさ》めて來《き》て居《を》るといふのみならず、個人《こじん》としても目醒《めざ》めて來《き》て居《を》り、今現《いまげん》に續々《ぞく〳〵》其本國《そのほんごく》に歸《かへ》りつゝあるのである。是《これ》から歸《かへ》るやうになるといふのではない。此事實《このじじつ》を知《し》つたならば、誰《たれ》か安閑《あんかん》として對岸《たいがん》の火《くわ》災視《さいし》して居《を》る事《こと》が出來《でき》やう。此猶太人《このユダヤじん》の動《うご》きに就《つい》て無智《むち》なるは、聖書的認識不足《せいしよてきにんしきふそく》の然《しか》らしむる處《ところ》である。

私《わたくし》は今現今《いまげんこん》に於《お》ける日本人《にほんじん》と猶太人《ユダヤじん》との關係《くわんけい》に就《つい》て述《の》べんとして居《を》るのであるが、私《わたくし》は日本人《にほんじん》として世界中日本《せかいぢゆうにほん》より良《よ》い國《くに》はないと思《おも》つて居《を》る。私《わたくし》は今迄日本國民《いままでにほんこくみん》に對《たい》する神《かみ》の特別《とくべつ》の御眷顧《おんかへりみ》を説《と》いて來《き》たが、然《しか》し猶太人《ユダヤじん》との比較《ひかく》になれば、何《なん》といつても彼等《かれら》は神《かみ》の特選《とくせん》の民《たみ》として、世界中《せかいぢゆう》の中心的國民《ちゆうしんてきこくみん》となるといふ事《こと》を言《い》ふに憚《はゞか》らぬ。是《これ》は聖書《せいしよ》の光《ひかり》によりていふ所《ところ》である。又地理的《またちりてき》にいつても、猶太《ユダヤ》の國《くに》は亞細亞《アジヤ》、阿弗利《アフリ》加《カ》、歐羅巴《ヨーロッパ》の三大陸《だいりく》を結《むす》びつける中心地《ちゆうしんち》である。其猶太人《そのユダヤじん》は世界《せかい》の中心的國民《ちゆうしんてきこくみん》である。

私《わたくし》は日本《にほん》を愛《あい》し、日本《にほん》の國体《こくたい》を重《おも》んずる。然《しか》し聖書《せいしよ》の光《ひかり》に従《したが》へばイスラエル人民《じんみん》が世界《せかい》の中心《ちゆうしん》の國民《こくみん》で、頓《やが》て主《しゆ》イエスが其處《そこ》に王《わう》の王《わう》として君臨《くんりん》し給《たま》ひ、世界《せかい》を統治《とうぢ》し給《たま》ふ時《とき》、猶太《ユダヤ》に寶座《みくら》を設《まう》け給《たま》ふといふ事《こと》を信《しん》じ又《また》説《と》く事《こと》を憚《はゞか》らぬ。我等《われら》基督者《キリストしや》としてのみならず、各國《かくこく》の政治家《せいぢか》軍人等《ぐんじんたち》が此事《このこと》を理解《りかい》し、此處《こゝ》に重点《じゆうてん》を置《お》いて方針《はうしん》を定《さだ》むるに非《あら》ずば、重大《じゆうだい》なる錯誤《さくご》に陥《おちい》るに決《きま》つて居《を》る。私《わたくし》は何人《なんぴと》に對《たい》しても此事《このこと》を明言《めいげん》して憚《はゞか》らぬ。

私《わたくし》は單《たん》なる私《わたくし》の意見《いけん》からかくいふのではなく、神《かみ》がイスラエルを中心國民《ちゆうしんこくみん》として選《えら》び給《たま》ふたといふ事《こと》に就《つい》ては、聖書《せいしよ》に明言《めいげん》がある。今其代表的《いまそのだいへうてき》のものを見《み》たい。

『我汝《われなんぢ》を大《おほい》なる國民《こくみん》となし、汝《なんぢ》を祝《めぐ》み汝《なんぢ》の名《な》を大《おほい》ならしめん、汝《なんぢ》は祉福《さいはひ》の基《もと》となるべし、我《われ》は汝《なんぢ》を祝《しゆく》する者《もの》を祝《しゆく》し汝《なんぢ》を詛《のろ》ふ者《もの》を詛《のろ》はん、天下《てんか》の諸《すべて》の宗族《やから》汝《なんぢ》によりて祉《さい》福《はひ》を獲《え》ん』（創世記《さうせいき》第《だい》十二章《しやう》二、三節《せつ》）

是《これ》は神《かみ》が猶太人《ユダヤじん》の先祖《せんぞ》アブラハムをカルデヤのウルより召《め》し出《いだ》し給《たま》ふた時《とき》に與《あた》へ給《たま》

ふた約束《やくそく》である。此約束《このやくそく》がもし實現《じつげん》せなかつたならば、神《かみ》は善《よ》い加減《かげん》の事《こと》を仰《あふ》せられた事《こと》になる。然《しか》し此預言約束《このよげんやくそく》は必《かなら》ず成就《じやうじゆ》する。神《かみ》は約束《やくそく》を必《かなら》ず成就《じやうじゆ》し給《たま》ふ誠《まこと》信なる御《お》方《かた》であるが故《ゆゑ》に、彼等《かれら》が世界《せかい》の諸民族《しよみんぞく》の爲《ため》に祉福《さいはひ》の基《もと》となる事《こと》を我等《われら》は信《しん》じて疑《うたが》はぬ。

然《しか》らば其《その》イスラエル人《じん》と我等日本人《われらにほんじん》とは如何《いか》なる關係《くわんけい》があるか。其《それ》に就《つい》ては既《すで》に人《じん》類學的《るいがくてき》に、又歴史的《またれきしてき》に深《ふか》い關係《くわんけい》のある事《こと》は述《の》べたが、現今《げんこん》は如何《いか》なる關係《くわんけい》があるか。

先《ま》づ第《だい》一に我等《われら》はユダの支派《わかれ》より出《い》でしイエスキリストによりて救《すく》はれて神《かみ》の子《こ》となつた者《もの》である。此点《このてん》からいつて我等《われら》は深《ふか》い關係《くわんけい》がある。更《さら》に我等《われら》がもつ此聖書《このせいしよ》は悉《ことごと》く猶太人《ユダヤじん》によりて書《か》かれたものである。未信者《みしんじや》ならイザ知《し》らず、少《すく》くとも我等基督者《われらキリストしや》に取《と》りては、猶太《ユダヤ》は非常《ひじやう》に深《ふか》い關係《くわんけい》がある所《ところ》である。私《わたくし》は所謂基督教文明《いはゆるキリストけうぶんめい》なるものが世界《せかい》にどういふ文化《ぶんくわ》を起《おこ》したか、我國《わがくに》に如何《いか》なる影響《えいきやう》を及《およ》ぼしたかは知《し》らぬが、私《わたくし》は元來所謂基督教文明《ぐわんらいいはゆるキリストけうぶんめい》などゝ世《よ》の人《ひと》のいふやうな事《こと》を口《くち》にせぬが、然《しか》し事實《じじつ》は否《いな》む事《こと》が出來《でき》ぬ。我等《われら》が猶太《ユダヤ》の一處女《しよぢよ》マリヤより生《うま》れ給《たま》ふたイエスキリストを信《しん》じて救《すく》はれた事實《じじつ》は言消《いひけ》す事《こと》が出來《でき》ぬ。此《この》一点《てん》からいつても我等《われら》はイエスの同族《どうぞく》なる彼等《かれら》猶太人《ユダヤじん》を輕視《けいし》する譯《わけ》に行《ゆ》かぬ。更《さら》に又此福音《またこのふくいん》は始《はじ》め彼等《かれら》猶太人《ユダヤじん》によりて全世界《ぜんせかい》に傳《つた》はつたのである。又猶太人《またユダヤじん》がキリストを拒《こば》んだ爲《ため》に救《すくひ》が異邦人《いはうじん》なる我等《われら》にも及《およ》ぶやうになつた事《こと》も神《かみ》の攝理《せつり》であるが、神《かみ》は終《つひ》にはイスラエルを悉《ことごと》く救《すく》ひ給《たま》ふと約束《やくそく》してある（羅《ロ》馬書《マしょ》十一章《しやう》二十五、二十六節《せつ》）。

猶太人《ユダヤじん》といへば我等《われら》日本人《にほんじん》とは何《なん》の關係《くわんけい》もないやうに考《かんが》へる人《ひと》もあるが、私《わたくし》は今《いま》先《ま》づ世間周知《せけんしうち》の事《こと》から申上《まうしあ》げたい。日露戰爭《にちろせんさう》の時《とき》日本《にほん》の外債《ぐわいさい》に應《おう》じて大《おほい》に日本《にほん》を助《たす》けてくれた人《ひと》は紐育《ニユーヨーク》のシーフといふ猶太人《ユダヤじん》であつた事《こと》は人皆知《ひとみなし》る所《ところ》である。今《いま》の高橋藏《たかはしざう》相《しやう》が當時外債募集《たうじぐわいさいぼしふ》に出懸《でか》けられたのであるが、紐育《ニユーヨーク》の錚々《さう〳〵》たる銀行家《ぎんかうか》であるシーフ氏《し》は心快《こころよ》く承諾《しようだく》したのみならず、他《た》の多《おほく》の猶太人《ユダヤじん》にも勸誘《くわんいう》してくれた。これは當時《たうじ》露西《ロシ》亞《ヤ》に於《おい》て猶太人《ユダヤじん》が非常《ひじやう》に苦《くるし》められて居《ゐ》たが、日本《にほん》が必《かなら》ず勝《か》つであらうと信《しん》じ、此猶太《このユダヤ》人《じん》を迫害《はくがい》する露西亞《ロシヤ》を撃《う》つてくれるからといふので、資金《しきん》の援助《えんじよ》をしてくれたのである。日本《にほん》が勝利《しようり》を得《え》た裏《うら》には此《この》シーフ氏《し》の援助《ゑんじよ》が與《あづか》つて力《ちから》がある。されば日本《にほん》から彼《かれ》に勲章《くんしやう》が送《おく》られたのである。然《しか》るに近頃《ちかごろ》或《ある》一部《ぶ》の人々《ひと〲》の間《あひだ》に猶太人《ユダヤじん》排斥運動《はいせきうんどう》をして居《を》る者《もの》があるが、我等《われら》日本人《にほんじん》は恩《おん》を忘《わす》るゝ民《たみ》ではない。國運《こくうん》を賭《か》けて戰《たゝか》つて居《を》る際《さい》、資《し》金《きん》が欠乏《けつばう》して困《こま》つて居《ゐ》た時《とき》大《おほい》に助《たす》けてくれた人民《じんみん》を排斥《はいせき》するとは何事《なにごと》ぞ。

此猶太人反對運動《このユダヤじんはんたいうんどう》は何處《どこ》から起《おこ》つて來《き》たものかといへば、獨逸《ドイツ》から起《おこ》つたもので、セム種反對運動《アンチ・セミチック・ムーブメント》とて猶太人《ユダヤじん》を苦《くるし》める事《こと》をして居《を》る。日本《にほん》の陸軍《りくぐん》の或人々《あるひと〲》が其猶太人《そのユダヤじん》禍《くわ》の獨逸《ドイツ》の本《ほん》を譯《やく》したりして、猶太人《ユダヤじん》は世界《せかい》の平和《へいわ》を紊《みだ》す怪《け》しからぬ人民《じんみん》であるなどといつて居《を》る。無論猶太人《むろんユダヤじん》だとて良《よ》い者《もの》ばかりではない。聖書《せいしよ》を信《しん》ずる者《もの》もあれば信《しん》ぜぬ者《もの》もある。ヱホバの神《かみ》を信《しん》ずる者《もの》もあれば無神論《むしんろん》を稱《とな》へる者《もの》さへある。露西亞《ロシヤ》のトロツキーの如《ごと》き恐《おそ》ろしい共産主義者《きようさんしゆぎしや》も居《を》るには居《を》る。然《さ》らばとて猶太人《ユダヤじん》は皆《みな》トロツキーの如《ごと》き人許《ひとばか》りだとはいへぬ。日本《にほん》にさへ難波大助《なんばだいすけ》の如《ごと》き大逆不敬漢《だいぎやくふけいかん》が居《を》つた。然《され》ばとて日本人《にほんじん》は皆難波大助《みななんばたいすけ》の如《ごと》き人《ひと》だといはれゝば、誰《たれ》だつて怒《おこ》る。猶太人《ユダヤじん》の中《うち》にも無神論者《むしんろんじゃ》も居《を》れば共産主義者《きようさんしゆぎしや》も居《を》るが、然《しか》し大多數《だいたすう》の猶太人《ユダヤじん》は眞面目《まじめ》に聖書《せいしよ》を信《しん》じ、今尚《いまなほ》メシヤ（救主《すくひぬし》）の來臨《らいりん》を待《ま》つて居《を》るのである。現《げん》にエルサレムに於《おい》ては涙《なみだ》の壁《かべ》とて毎金曜《まいきんえう》其處《そこ》に集《あつま》り、涙《なみだ》と斷食《だんじき》を以《もつ》て神《かみ》よ願《ねがは》くば速《すみや》かにメシヤを送《おく》り給《たま》へと、泣《な》いて祈《いの》る場所《ばしよ》が出來《でき》て居《を》るのである。彼等《かれら》の願《ねが》ふメシヤは我等《われら》の現《げん》に待望《まちのぞ》んで居《を》る再臨《さいりん》のキリストである。是《これ》眞面目《まじめ》に聖書《せいしよ》を信《しん》ずる猶太人《ユダヤじん》である。一部《ぶ》の猶太人《ユダヤじん》が惡《わる》いからとて猶太人全体《ユダヤじんぜんたい》が世界《せかい》の平和《へいわ》を紊《みだ》す者《もの》、危險《きけん》なる人種《じんしゆ》の如《ごと》くに思《おも》ふべきではない。惡《わる》いといへば昔《むかし》から同族《どうぞく》なるイエスキリストを十字架《じか》に釘《つ》けた者《もの》さへあつたのであるが、猶太人全体《ユダヤじんぜんたい》が惡《わる》いやうにいふのは、余《あま》りに早計《さうけい》の認識不足《にんしきふそく》である。我等《われら》は決《けつ》して猶太人《ユダヤじん》の惡口《わるくち》を書《か》いた本《ほん》を見《み》たりなどして彼等《かれら》を侮《あなど》つたり排斥《はいせき》したりすべきではない。

又彼等《またかれら》猶太人《ユダヤじん》の世界《せかい》の學術界《がくじゆつかい》に貢献《こうけん》して居《を》る事《こと》は夥《おびたゞ》しいものである。現今《げんこん》に於《お》ける世界有數《せかいいうすう》の學者《がくしや》は猶太人《ユダヤじん》であるといつてもよい。昔《むかし》に於《おい》ても彼等《かれら》の中《うち》から樣々《さま〴〵》の學者《がくしや》が起《おこ》つたが、現今《げんこん》に於《おい》てはかの相對性原理《さうたいせいげんり》のアインシユタインの如《ごと》き、又佛國出身《またふつこくしゆつしん》でエルサレムにあるヘブル大學《だいがく》のベルグソン博士《はかせ》の如《ごと》き、世界屈指《せかいくつし》の學者《がくしや》である。其《その》他多《たおほく》の學者《がくしや》があるが、日本《にほん》の學者等《がくしやたち》は直接間接《ちよくせつかんせつ》に彼等《かれら》に負《お》ふ所《ところ》が尠《すくな》くないのである。

戰爭《せんさう》の事《こと》に就《つい》ても、歐洲大戰《おうしうたいせん》の時《とき》猶太人《ユダヤじん》は非常《ひじやう》な貢献《こうけん》をして居《を》る。當時《たうじ》英國《えいこく》に非常《ひじやう》に爆發力《ばくはつりよく》の强《つよ》い火藥《くわやく》の製法《せいはふ》を敎《をし》へた者《もの》は猶太人《ユダヤじん》であつた。其報《そのむくい》としてバルフォアが猶太人《ユダヤじん》にパレスチナを回復《くわいふく》する事《こと》が出來《でき》るやうに盡力《じんりよく》せようと約束《やくそく》したのであると傳《つた》へられて居《を》る。或人《あるひと》のいふ如《ごと》く彼等《かれら》は戰爭《せんさう》の度毎《たびごと》金儲《かねまう》けするのは事實《じじつ》であるが、然《され》ばとて彼等《かれら》に對《たい》して憤慨《ふんがい》するに當《あた》らぬ。彼等《かれら》は其《それ》だけ頭腦《づのう》がよいのである。今獨逸《いまドイツ》には猶太人《ユダヤじん》は六十萬人《まんにん》しか居《を》らぬが、彼是《かれこれ》といつて虐《いぢ》めて居《を》る。大戰後《たいせんご》獨逸《ドイツ》最初《さいしよ》の大統領《だいとうりやう》は猶太人《ユダヤじん》であつたのである。然《しか》るに今《いま》や國粹社會黨《こくすゐしやくわいたう》の首領《しゆりやう》ヒトラーは「猶太人《ユダヤじん》くたばれ、パレスチナに歸《かへ》れ」といふスローガンを以《もつ》て盛《さかん》に反猶太熱《はんユダヤねつ》を煽《あふ》り、彼《かれ》が內閣《ないかく》を組織《そしき》すれば猶太人《ユダヤじん》の財產《ざいさん》を政府《せいふ》の名《な》を以《もつ》て沒收《ぼつしう》するなどゝいつて猶太人《ユダヤじん》を虐《いぢ》めて居《を》る。されば財界《ざいかい》の混亂《こんらん》を恐《おそ》れて今《いま》の處《ところ》ヒトラーに內閣《ないかく》を組織《そしき》させ得《え》ないのだといふ。猶太人《ユダヤじん》は實《じつ》に金儲《かねまう》けの巧《たく》みなる人民《じんみん》で、非常《ひじやう》に金《かね》をもつて居《を》るが、然《しか》しそれは盜《ぬす》んで來《き》たものでなし、彼等《かれら》が鋭敏《えいびん》なる頭腦《づのう》を働《はたら》かせて儲《まう》けたものであるのに、其《それ》を沒收《ぼつしう》せんとするなどとは實《じつ》に亂暴《らんばう》な話《はなし》である。戰爭《せんさう》の度毎《たびごと》に儲《まう》けるのも事實《じじつ》であるが、戰爭《せんさう》で儲《まう》けたのが惡《わる》いといふならば、何《なに》も彼等《かれら》のみではない。日本《にはん》の三井《ゐ》も三菱《びし》も然《さ》うではないか。猶太人《ユダヤじん》ばかりでなく、世界《せかい》の金持《かねもち》が皆然《みなさ》うである。然《しか》るに自分勝手《じぶんかつて》な理屈《りくつ》をつけて猶太人《ユダヤじん》を虐《いぢ》めれば、獨逸《ドイツ》が神《かみ》の祝福《しゆくふく》を受《う》ける筈《はず》がない。然《しか》し大局《たいきよく》から見《み》れば虐《いぢ》められる猶太人《ユダヤじん》には氣《き》の毒《どく》であるが、かく苦《くるし》められる事《こと》によりて彼等《かれら》は其故國《そのここく》に歸《かへ》らねばならぬやうに仕向《しむ》けられて居《を》るのだとすれば、神《かみ》の攝理《せつり》の中《うち》にある事《こと》を思《おも》はざるを得《え》ぬ。神《かみ》は暫《しばら》く惡魔《あくま》に許《ゆる》して、何《なん》とか早《はや》くイスラエルをパレスチナに集《あつ》めやうとして居給《ゐたま》ふかの如《ごと》くに思《おも》はれる。アヽ神《かみ》の智《ち》と識《しき》の富《とみ》は深《ふか》いかなと感《かん》ずる次第《しだい》である。

現在日本《げんざいにはん》は猶太人《ユダヤじん》と經濟的《けいざいてき》に關係《くわんけい》があるといふ事《こと》を知《し》つて居《を》る者《もの》は少《すくな》からふ。現今《げんこん》世界《せかい》の金貨《きんくわ》の三分《ぶん》の二は總數《そうすう》千五百萬人《まんにん》しか居《ゐ》ないといふ猶太人《ユダヤじん》の掌中《しやうちゆう》に握《にぎ》られて居《を》るのである。米國《べいこく》に於《お》ても猶太人《ユダヤじん》をジユー〳〵と嫌《きら》つては居《を》るが、彼等《かれら》の前《まへ》には頭《あたま》が上《あが》らない。惡口《わるくち》をいひ乍《なが》らも御機嫌《ごきげん》を取《と》つて居《を》るといふ有樣《ありさま》である。紐育《ニユーヨーク》の銀行《ぎんかう》の大部分《だいぶぶん》は猶太人《ユダヤじん》が持主《もちぬし》であり、大新聞《だいしんぶん》の株《かぶ》も猶太人《ユダヤじん》が大部《だいぶ》を占《し》め、活動寫眞《くわつどうしやしん》、芝居《しばゐ》の株《かぶ》に至《いた》る迄大部分《までだいぶぶん》は猶太人《ユダヤじん》がもつて居《を》る有樣《ありさま》である。(有名《いうめい》なる喜劇役者《きげきやくしや》チヤプリンも猶太人《ユダヤじん》である)。彼等《かれら》は世界《せかい》の金《きん》の大部分《だいぶぶん》を其手《そのて》の中《うち》に握《にぎ》つて居《を》るのである。日本《にほん》の圓《ゑん》の下《さが》るのも其背後《そのはいご》には猶太人《ユダヤじん》が居《を》るといはれて居《を》る。決《けつ》して猶太人《ユダヤじん》の惡口《わるくち》など言《い》ふべきものでない。

既《すで》に述《の》べし如《ごと》く、日露戰爭《にちろせんさう》の時《とき》猶太人《ユダヤじん》が金《かね》を貸《か》してくれたが、日本《にほん》のみならず諸國《しよこく》が其恩澤《そのおんたく》を蒙《かうむ》つて居《を》る。猶太人《ユダヤじん》が金《かね》を貸《か》すやうになるといふ事《こと》は四千年《ねん》も前《まへ》から聖書《せいしよ》に明白《めいはく》に預言《よげん》してある事《こと》である。「汝《なんぢ》の神《かみ》ヱホバ汝《なんぢ》に云《い》ひし如《ごと》く汝《なんぢ》を祝福《めぐみ》たまふべければ汝《なんぢ》は衆多《おほく》の國人《くにびと》に貸《か》すことを得《う》べし、然《され》ど借《か》る事《こと》あらじ、また汝《なんぢ》は衆多《おほく》の國人《くにびと》を治《をさ》めん、然《され》ど彼等《かれら》は汝《なんぢ》を治《をさ》むる事《こと》あらじ」(申命記《しんめいき》十五章《しやう》六節《せつ》)。此言《このことば》の後半《こうはん》は未《いま》だ實現《じつげん》せられて居《ゐ》ないが、頓《やが》て起《おこ》る事《こと》である。前半《ぜんはん》は既《すで》に成就《じやうじゆ》せられて居《を》る。モーセが此預言《このよけん》をしてより四千年後《ねんご》の今日《こんにち》は如何《いかん》。世界中《せかいぢゆう》の國家《こか》で猶太人《ユダヤじん》より金《かね》を借《か》りない國《くに》はない。歐羅巴《ヨーロッパ》諸國《しよこく》も猶太人《ユダヤじん》に對《たい》して彼是《かれこれ》いふが、もし猶太人《ユダヤじん》から貸《か》した金《かね》を返《かへ》してくれといはれゝば、皆頭《みなあたま》が上《あが》らぬ關係《くわんけい》にある。此猶太人《このユダヤじん》とは尋常《じんじやう》な事《こと》では大刀打《たちうち》は出來《でき》ぬ故《ゆゑ》、ヒトラーの如《ごと》く政府《せいふ》の手《て》を以《もつ》て其財産《そのざいさん》を沒收《ぼつしう》しようなどゝいふ事《こと》を考《かんが》へるのである。然《しか》し此猶太人《このユダヤじん》を詛《のろ》ふ者《もの》は個人《こじん》の損《そん》であるのみならず、國家《こくか》の上《うへ》にも禍《わざはひ》が來《く》る。私《わたくし》は今聲《いまこゑ》を大《だい》にして我國民《わがこくみん》に警告《けいこく》したいのは、獨逸《ドイツ》に起《おこ》つた反猶太人運動《はんユダヤじんうんどう》などの尻馬《しりうま》に乘《の》つて、猶太人《ユダヤじん》を邪魔《じやま》したり排斥《はいせき》したりするなといふ事《こと》である。彼等《かれら》を詛《のろ》ふ者《もの》は詛《のろ》はれ、詛《のろ》ふ國家《こくか》は損害《そんがい》と災禍《わざはひ》を招《まね》くに至《いた》る。今《いま》や我國《わがくに》は經濟國難《けいざいこくなん》の際《さい》、寧《むし》ろ彼等《かれら》の御機嫌《ごきげん》をこそ取《と》るべきで、決《けつ》して反抗《はんかう》するやうな事《こと》をしてはならぬ。私《わたくし》は此事《このこと》を國民《こくみん》に呼《よ》びかけて警告《けいこく》したいのである。

一体今迄世《たいいままでせ》界《かい》の五大强國《だいきやうこく》の中《うち》猶太人《ユダヤじん》に害《がい》を加《くは》へないものは日本《にほん》だけである。英米《えいべい》は左程《さほど》でないとしても、猶太人《ユダヤじん》を輕蔑《けいべつ》して居《を》る。一例《れい》を擧《あ》げれば、何時《いつ》かのオリンピックの競技《きやうぎ》の際《さい》、英國々民《えいこくこくみん》である或猶太人《あるユダヤじん》が百米《メートル》突競技《きやうぎ》に於《おい》て一等賞《とうしやう》を得《え》た時《とき》、一英國《えいこく》人が「ナンダあのジユーが」と罵詈《ばり》して悶着《もんちやく》が起《おこ》つた事《こと》がある。自分《じぶん》の國民《こくみん》になつて居《を》る一人《ひとり》が勝《か》つたのであるから、共《とも》に喜《よろこ》ぶべき筈《はず》であるのに、猶太人系《ユダヤじんけい》なるを以《もつ》て罵《ば》詈《り》するとは何事《なにごと》か。米國《べいこく》に於《おい》ても曾《かつ》てかの自動車王《じどうしやわう》のヘンリーフオードが「猶太人《ユダヤじん》は米國《べいこく》の財界《ざいかい》を攪亂《かくらん》する嫌《いや》な人種《じんしゆ》だ」といふ意味《いみ》の事《こと》をいつた爲《ため》に、猶太人《ユダヤじん》は結束《けつそく》して然《しか》らば我等《われら》はお前《まへ》の處《ところ》の自動車《じどうしや》を買《か》はぬと決議《けつぎ》したので、遂《つひ》に流石《さすが》のフオードも兜《かぶと》を脱《ぬ》いだ事《こと》がある。彼等《かれら》に對《たい》して下手《へた》な口《くち》は利《き》けぬ。米國《べいこく》に於《おい》ては大新聞社《だいしんぶんしや》の重《おも》なる株《かぶ》主《ぬし》は皆猶太人《みなユダヤじん》が占《し》めて居《を》る。日本《にほん》に於《おい》てもジヤパン・アドバータイザーの持主《もちぬし》は猶太《ユダヤ》人《じん》である事《こと》を知《し》つて居《を》る者《もの》は多《おほ》くあるまい。兎《と》に角彼等《かくかれら》は頭腦《づのう》のよい、侮《あな》どるべからざる民《たみ》である。神《かみ》は此猶太人《このユダヤじん》を未《いま》だ曾《かつ》て迫害《はくがい》した事《こと》のない我民族《わがみんぞく》を用《もち》ひんとして居給《ゐたま》ふ處《ところ》に深《ふか》い理由《りいう》があるやうに思《おも》はれる。

最後《さいご》に日本《にほん》にあるホーリネス敎會《けうくわい》の猶太人《ユダヤじん》に對《たい》する奉仕《ほうし》に就《つい》いて一言《げん》させて戴《いたゞ》きたい。ホーリネス敎會《けうくわい》は諸敎會中最《しよけうくわいちゆうもつと》も歴史《れきし》の若《わか》い、小《ちひさ》い敎會《けうくわい》であるが、其信仰《そのしんかう》に於《おい》ても其行動《そのかうどう》に於《おい》ても特色《とくしよく》を有《いう》する敎會《けうくわい》である。然《しか》し私《わたくし》は今《いま》ホーリネス敎會《けうくわい》を禮贊《らいさん》せんとする者《もの》ではない。批評《ひひやう》する者《もの》の見《み》る處《ところ》に任《まか》せて置《お》く。唯私《たゞわたくし》が誰《たれ》にも憚《はゞか》らずいふのは、我《わが》ホーリネス敎會《けうくわい》は創立以來今日《さうりついらいこんにち》に至《いた》る迄猶太人《までユダヤじん》の爲《ため》に幾分《いくぶん》なりと奉仕《ほうし》をして來《き》たといふ事《こと》である。即《すなは》ち猶太人《ユダヤじん》の爲《ため》に祈《いの》り又多少《またたせう》なりとも毎月献金《まいつきけんきん》をしたのである。是《これ》は物好《ものず》きにやつて居《を》る事《こと》ではない。聖靈《せいれい》がかく導《みちび》き給《たま》ふたのである。猶太人《ユダヤじん》の爲《ため》に献金《けんきん》して居《を》る者《もの》は個人《こじん》としてはあらうが、敎會全體《けうくわいぜんたい》として献金《けんきん》して居《を》る者《もの》は多《おほく》の敎會中《けうくわいちゆう》ホーリネス敎會以外《けうくわいいぐわい》にはない。我等《われら》は今《いま》も猶太人《ユダヤじん》に關《くわん》する智識《ちしき》は乏《とぼ》しいが、當初未《たうしよいま》だ智識《ちしき》の更《さら》に淺薄《せんぱく》な幼稚《えうち》なる時代《じだい》に於《おい》て此事《このこと》をなし始《はじ》めたのは、全《まつた》く聖靈《せいれい》の導《みちびき》によつたとしか思《おも》はれぬ。主《しゆ》がイスラエル人《じん》をいかに愛《あい》して居給《ゐたま》ふたかは、かのサイロピニケの婦《をんな》に對《たい》して、子供《こども》に與《あた》ふるパンを犬《いぬ》に投與《なげあた》ふるは宜《よろ》しからずと仰《おほ》せられた事《こと》によりても知《し》られる。又使徒《またしと》パウロは「我心《わがこゝろ》に願《ねが》ふ所《ところ》と神《かみ》に祈《いの》る處《ところ》はイスラエルの救《すく》はれん事《こと》なり」といつたが、是《これ》は唯血《たゞち》を同《おな》うして居《を》る同族《どうぞく》だからとか、同郷人《どうきやうじん》だからとかいふ世間《せけん》一般《はん》の考《かんがへ》からかく願《ねが》つたのではない。そんな人情的《にんじやうてき》の考《かんがへ》からではなく、彼《かれ》は主《しゆ》は此猶太人《このユダヤじん》を中心《ちゆうしん》として千年王國《ねんわうこく》を建設《けんせつ》し給《たま》ふといふ事《こと》を知《し》つて居《ゐ》たから、イスラエルが救《すく》はれ、故國《ここく》に歸《かへ》る事《こと》は主《しゆ》イエスの再臨《さいりん》を早《はや》める事《こと》であると思《おも》ひ、神《かみ》の世《よ》々の經綸《けいりん》より割出《わりだ》してかく祈《いの》つたのである。聖靈《せいれい》は此同《このおな》じ思《おもひ》を日本《にほん》のホーリネス人《びと》に移《うつ》し給《たま》ふた。神《かみ》が我等《われら》を惠《めぐ》み給《たま》ふた原因《げんいん》は多《おほ》くあらふが、其一《その》は微力《びりよく》ながらも猶太人《ユダヤじん》の爲《ため》に祈《いの》り、猶太人《ユダヤじん》の爲《ため》に金《かね》を献《さゝ》げて居《を》る事《こと》が神《かみ》の御目《おんめ》に止《と》まつたからであらふ。「エルサレムの爲《ため》に平安《やすき》を祈《いの》れ、エルサレムを愛《あい》する者《もの》は榮《さか》ゆべし」(詩篇《しへん》百二十二篇《へん》六節《せつ》)との約束《やくそく》は眞實《しんじつ》である。

然《しか》し更《さら》に注意《ちゆうい》すべき事《こと》は、唯現《たゞげん》に祝福《しゆくふく》を受《う》けて居《を》るといふのみならず、我等《われら》が彼等《かれら》選民《せんみん》の爲《ため》に日夜《にちや》禱告《たうこく》して居《を》るといふ事《こと》である。是《これ》は我群《わがむれ》は僅《わづ》か二萬人足《まんにんた》らずの小數《せうすう》ではあるが、七千萬《まん》の同胞《どうはう》を代表《だいへう》して彼等《かれら》選民《せんみん》の爲《ため》に代願代禱《だいぐわんだいたう》して居《を》る事《こと》である事《こと》を思《おも》ふ時《とき》に、實《じつ》に嚴《おごそ》かに感《かん》ぜざるを得《え》ない。

『王答《わうこた》へて彼等《かれら》にいはん、我爾曹《われなんぢら》に告《つげ》ん既《すで》に爾曹《なんぢら》わが此兄弟《このきやうだい》の最微者《いとちひさきもの》の一人《ひとり》に行《おこな》へるは即《すなは》ち我《われ》に行《おこな》へるなり』(馬太傳《マタイでん》二十五章《しやう》四十節《せつ》)。

『わが弟子《でし》なるを以《もつ》て小《ちひさ》き一人《ひとり》の者《もの》に冷《ひや》ゝかなる水《みづ》一杯《ぱい》にても飲《の》ますする者《もの》は誠《まこと》に爾曹《なんぢら》に告《つげ》ん必《かなら》ず其報賞《そのむくひ》を失《うしな》はじ』(仝《どう》十章《しやう》四十二節《せつ》)。

此《この》二十五章《しやう》は諸國民《しよこくみん》の審判《さばき》に就《つい》て記《しる》した處《ところ》である。諸國民《しよこくみん》が王《わう》の王《わう》、主《しゆ》の主《しゆ》の臺前《だいぜん》に引出《ひきいだ》されて審判《さば》かるゝ時《とき》の事《こと》で、此《この》「最微者《いとちひさきもの》」とはイスラエル人《じん》を指《さ》す。最微《いとちひさ》きイスラエル人《じん》を顧《かへり》みて情《なさけ》をかけた者《もの》は此審判《このさばき》の時《とき》に顧《かへり》みられるのである。是《これ》は何時《いつ》か、主《しゆ》が世《よ》を審判《さば》かんとて世《よ》に降《くだ》り給《たま》ふ時《とき》で、有難《ありがた》い事《こと》には我等《われら》は其前《そのまへ》に携《たづさ》へ擧《あ》げられて主《しゆ》の許《もと》に行《ゆ》くのであるが、「一人《ひとり》は取《と》られ一人《ひとり》は殘《のこ》さるべし」との聖言《みことば》の如《ごと》く殘《のこ》さるゝ者《もの》がある。而《しか》も「それ召《よ》ばるゝ者《もの》は多《おほ》しと雖《いへど》も選《えら》ばるゝ者《もの》は少《すく》し」とある如《ごと》く、携《たづさ》へ擧《あ》げらるゝ者《もの》は極《きは》めて小數《せうすう》であると思《おも》はれる。一家《か》の中《うち》にも携《たづさ》へ擧《あ》げらるゝ者《もの》と殘《のこ》さるゝ者《もの》と分《わか》たれ、信者《しんじや》の中《うち》にも殘《のこ》さるゝ者《もの》が多《おほ》くあらうから、無論《むろん》神《かみ》を信《しん》ぜぬ大多數《だいたすう》の同胞《どうはう》は後《あと》に殘《のこ》される。而《しか》して世《よ》始《はじ》まつて以來《いらい》曾《かつ》てないといふ大患難時代《だいくわんなんじだい》が來《く》るのであるが、今我等《いまわれら》が熱血《ねつけつ》を注《そゝ》いでイスラエルの爲《ため》に祈《いの》つて居《を》る祈禱《いのり》は、現在《げんざい》に於《おい》ては或《ある》程度《ていど》迄《まで》しか報《むく》ひられて居《を》らぬが、其祈禱《そのいのり》の故《ゆゑ》に神《かみ》は怒《いか》る時《とき》にも憐憫《あはれみ》を忘《わす》れ給《たま》はずに、其患難《そのなやみ》の日《ひ》に我國民《わがこくみん》の上《うへ》に特別《とくべつ》の憐憫《あはれみ》を注《そゝ》ぎ給《たま》ふ事《こと》を信《しん》ずる。誰《たれ》かいふ、我等《われら》は猶太《ユダヤ》人《じん》と關係《くわんけい》なしと。未信者《みしんじや》はイザ知《し》らず、我等信者《われらしんじや》は聖《きよ》き動機《どうき》より、又我國《またわがくに》と同胞《どうはう》を愛《あい》し其將來《そのしやうらい》を思《おも》はゞ、此殘《このこ》された幾千《いくばく》もなき時《とき》に力《ちから》を盡《つく》して選民《せんみん》の爲《ため》に祈《いの》るべきではないか。

第八章　日東《につとう》よりの援助者《ゑんじよしや》

東より起さるゝ人の預言――其模型的成就アブラハム――ペルシヤのクロス――最後的成就は日出る國より――此援助者は何を爲すや――何時起るや――聖徒の空中携擧――大患難時代――世界各國の軍備――ハルマゲドンの大戰爭――僞基督の出現と活躍――現に見る不法の靈の活動――不法の者の具體的顯現――東よりの飛行機――日本民族の大陸に向つての發展――註釋上新しき光

今迄《いままで》說《と》いた事《こと》は過去《くわこ》より現在《げんざい》にかけての事《こと》であつたが、本章《ほんしやう》よりは全然將來《ぜんぜんしやうらい》に關《くわん》する問題《もんだい》を說《と》かんとするのである。或《あるひ》は今月《こんげつ》からか、或《あるひ》は來年《らいねん》からか其《それ》は解《わか》らぬが、いづれにしても今後《こんご》に屬《ぞく》する事《こと》で、是《これ》は私《わたくし》の最《もつと》も力說《りきせつ》せんと欲する處《ところ》であり、是《これ》を言《い》はんが爲《ため》に今迄《いままで》の事《こと》を伏線《ふくせん》としていつたといつてもよいのである。

『たれか東《ひがし》より人《ひと》をおこししや、われは公義《たゞしき》をもて之《これ》をわが足下《あしもと》に召《め》し、その前《まへ》にもろ〳〵の國《くに》を服《ふく》せしめ、また之にもろ〳〵の王《わう》をさめしめ、かれらの劍《つるぎ》をちりのごとくかれらの弓《ゆみ》をふきさらるゝ藁《わら》の如《ごと》くならしむ』(以賽亞書《イザヤしよ》四十一章《しやう》二節《せつ》)

『われ東《ひがし》より鷙《わし》をまねき遠國《とほきくに》よりわが定《さだ》めおける人《ひと》をまねかん、我《われ》このことを語《かた》りたれば必《かなら》ず來《きた》らすべし、我《われ》このことを謀《はか》りたればかならず成《な》すべし』(以賽亞書《イザヤしよ》四十六章《しやう》十一節《せつ》)

此《この》「東《ひがし》」といふ言《ことば》は二つとも前《まへ》にも述《の》べし如《ごと》く、「ミヅラホ」といふ言《ことば》で、日出《ひいづ》る國《くに》との謂《いひ》である。是《これ》は私《わたくし》の解釋《かいしやく》ではなく、原語《げんご》の意味《いみ》からいふのである。抑《そもそ》も預言《よげん》の中《うち》には模型《もけい》によりて表《あら》はされるものも多《おほ》くあり、此處《こゝ》に記《しる》さるゝ東《ひがし》より顯《あら》はれ出《いづ》る人《ひと》に就《つい》ても、是《これ》が何者《なにもの》を指《さ》すやに就《つい》ては、古來註釋者間《こらいちゆうしやくしやかん》に種々《しゆ〴〵》に說《と》かれて居《を》るが、其等《これら》は皆《みな》模《も》型的人物《けいてきじんぶつ》として見《み》る事《こと》が出來《でき》る。第《だい》一に擧《あ》げらるゝのはアブラハムである。彼《かれ》は東方《とうはう》カルデヤのウルより起《おこ》つて西南《せいなん》のパレスチナに迄來《まてき》たので、彼《かれ》の靈的子孫《れいてきしそん》は今《こん》日《にち》千々萬々《まん〳〵》、濱《はま》の砂《いさご》の如《ごと》くに殖《ふ》え擴《ひろ》がつて居《を》る。之《これ》も一の模型《もけい》である。次《つぎ》に是《これ》はペルシヤのクロスを指《さ》すといふ說《せつ》もある。ペルシヤは猶太《ユダヤ》より見《み》て東北《とうはく》に當《あた》つて居《を》る處《ところ》で其國《そのくに》の王《わう》クロスがバビロンを征服《せいふく》した時《とき》、其地《そのち》に居《ゐ》た猶太人《ユダヤじん》を解放《かいはう》し、國《くに》に歸《かへ》つて神殿《みや》を再建《さいけん》すべき事《こと》を命《めい》じ、其爲《そのため》にあらゆる便宜《べんぎ》を計《はか》り、必要《ひつえう》なる援助《ゑんじよ》を與《あた》へたので、此意味《このいみ》に於《おい》て彼《かれ》は確《たしか》に救主《すくひぬし》キリストの一の模型《もけい》ともなつて居《を》る。

然《しか》し是等《これら》は此預言《このよげん》の成就《じやうじゆ》の型《かた》と見《み》るべきもので、模型的《もけいてき》には幾度《いくたび》も成就《じやうじゆ》したが、此《この》預言《よげん》の最後的成就《さいごてきじやうじゆ》として表《あら》はるべきものは、東即《ひがしすなは》ち日出《ひいづ》る國《くに》より起《おこ》るのである。始《はじめ》にはアブラハムが東《ひがし》の方《はう》カルデヤのウルより起《おこ》り、次《つぎ》には更《さら》に東《ひがし》のペルシヤよりクロスが起《おこ》つたが、今度《こんど》は更《さら》に東《ひがし》の日出《ひいづ》る國《くに》より起《おこ》るのである。かくて此預言《このよげん》の大完成《だいくわんせい》となるのである。而《しか》して是《これ》は一個人《こじん》を指《さ》すのではなく、一民族《みんぞく》を指《さ》す。聖書《せいしよ》には集團《しふだん》又《また》は民族全体《みんぞくぜんたい》を個人《こじん》の如《ごと》く記《しる》してある例《れい》がある。默示錄第七章《もくしろくだいしやう》の五人《にん》の天使《てんし》はそれ〳〵各國民又《かくこくみんまた》は各民族《かくみんぞく》を表《あら》はすものである事《こと》は既述《きじゆつ》の如《ごと》くである。

然《しか》らば此東《このひがし》より起《おこ》る援助者《ゑんじよしや》は一体如何《たいいか》なる者《もの》かといへば、第《だい》一イスラエル人民《じんみん》の救《すくひ》の爲《ため》に祈《いの》る大使命《だいしめい》をもつて居《を》る者《もの》であり、第《だい》二に僞《にせ》キリストに加擔《かたん》して世界《せかい》の平和《へいわ》を破《やぶ》る者《もの》を征服《せいふく》する役目《やくめ》を有《いう》する者《もの》である。是《これ》が日出《ひいづ》る國《くに》より起《おこ》るといふのであるから是《これ》は實《じつ》に驚《おどろ》くべき預言《よげん》である。

然《しか》らば是《これ》は何時《いつ》起《おこ》るかといふに、無論今後《むろんこんご》に屬《ぞく》する事《こと》であるが、更《さら》に詳《くは》しくいへば間《ま》もなく主《しゆ》イエスが再臨《さいりん》し給《たま》ふて我等《われら》が携《たづさへ》擧《あ》げられた後《のち》に起《おこ》る事《こと》である。主《しゆ》は御在《ごさい》世中《せいちゆう》の約束《やくそく》（約翰傳《ヨハネでん》十四章《しやう》三節《せつ》）の如《ごと》くに再《ふたゝ》び來《きた》り給《たま》ふ時《とき》、パウロがいつて居《を》るやうに地上《ちじやう》より携《たづさへ》擧《あ》げられて空中《くうちゆう》に於《おい》て主《しゆ》に遇《あ》ふ者《もの》がある（帖撒羅尼迦《テサロニケ》前書《ぜんしよ》四章《しやう》十六、十七節《せつ》）。其《それ》は主《しゆ》の新婦《はなよめ》である。諸國諸族諸民諸音《しよこくしよぞくしよみんしよいん》の中《うち》より贖《あがな》ひ出《いだ》され、全《まつた》く潔《きよ》められて凡《すべて》の物《もの》に愈《まさ》りてキリストを愛《あい》し、主《しゆ》よ來《きた》り給《たま》へと明暮《あけくれ》主《しゆ》を慕《した》つて居《を》る新婦《はなよめ》が携《たづさ》へ擧《あ》げらるゝのである。不信者《ふしんじや》は無論《むろん》の事《こと》、有名無實《いうめいむじつ》の信者《しんじや》、肉《にく》に屬《つ》ける信者《しんじや》は携《たづさ》へ擧《あ》げられない。新婦《はなよめ》たるべき者《もの》は其時《そのとき》榮光《えいくわう》の體《からだ》に化《くわ》せられて携《たづさ》へ擧《あ》げらるゝが、此信仰《このしんかう》と望《のぞみ》をもつて此世《このよ》を去《さ》つた聖徒等《せいとたち》は其時《そのとき》墓《はか》を破《やぶ》つて第《だい》一の復活《ふくわつ》を受《う》け、甦《よみがへ》つた靈體《れいたい》を以《もつ》て共《とも》に携《たづさ》へ擧《あ》げらるゝのである。

聖徒《せいと》が携《たづさ》へ擧《あ》げられし後《のち》、地上《ちじやう》は大患難時代《だいくわんなんじだい》となるのである。今《いま》より述《の》べんとする事《こと》は其患難時代《そのくわんなんじだい》に起《おこ》る出來事《できこと》で、新婦《はなよめ》たる聖徒《せいと》が携《たづさへ》擧《あ》げられた後《のち》の事《こと》である。

『其《その》とき大《おほい》なる患難《なやみ》あり、此《こ》の如《ごと》き患難《なやみ》は世《よ》の始《はじめ》より今《いま》に至《いた》る迄《まで》あらざりき、又後《またのち》にもあらじ』(馬太傳《マタイでん》二十四章《しやう》二十一節《せつ》)。

『爾《なんぢ》わが忍耐《にんたい》の言《ことば》を守《まも》りしにより、我《われ》もなんぢを守《まも》りて地《ち》に住《す》む人《ひと》を試《こゝろ》みんが爲《ため》に全世界《ぜんせかい》に臨《きた》らんとする試煉《こゝろみ》の時《とき》に之《これ》を免《まぬか》れしむべし』(默示錄《もくしろく》三章《しやう》十節《せつ》)。

此患難《このなやみ》とは世界始《せかいはじ》まつて以來《いらい》曾《かつ》てなかつたといふ大患難《だいくわんなん》で、戰爭《せんさう》、饑饉《ききん》、疫病《えきびやう》、地《ち》震《しん》、猛獸等《まうじうなど》の爲《ため》に世界《せかい》の人口《じんこう》の三分《ぶん》の二が斃《たほ》されるとある。頓《やが》て世界《せかい》に大戰爭《だいせんさう》が起《おこ》る。今各國《いまかくこく》は其爲《そのため》に盛《さか》んに準備《じゆんび》して居《を》るではないか。千九百三十四年《ねん》から三十五年《ねん》にかけて大戰爭《だいせんさう》が起《おこ》ると、未信者《みしんじや》でさへいつて居《を》る。今滿洲《いままんしう》でやつて居《を》る位《くらゐ》の事《こと》は是《これ》に較《くら》ぶれば何《なん》でもないやうなものである。今年《ことし》は千九百三十二年《ねん》だから後《あと》二三年《ねん》しかない。

今《いま》や各國《かくこく》は血眼《ちまなこ》になつて軍備《ぐんび》に汲々《きふ〳〵》たる有様《ありさま》であるのは、其《それ》に向《むか》つて準備《じゆんび》して居《を》るのである。私《わたくし》が是《これ》をいふのみでない。世界《せかい》の人《ひと》が之《これ》を認《みと》めて居《を》る。かゝる事《こと》をいつて嚇《おど》かすのではない。事實急速《じじつきふそく》に萬事《ばんじ》が終末《しゆうまつ》に向《むか》つて進《すゝ》んで居《を》るのである。或《あるひ》は今年《ことし》か來年《らいねん》にも何處《どこ》かで戰《たゝかひ》を始《はじ》めるかも知《し》れない。實《じつ》に物騷《ぶつさう》な世《よ》の中《なか》である。

聖書《せいしよ》には患難《なやみ》の時代《じだい》に起《おこ》る全世界《ぜんせかい》に亘《わた》る大戰爭《だいせんさう》の名《な》まで出《で》て居《を》る。即《すなは》ちハルマゲドンの戰《たゝかひ》といふ。又其場所《またそのばしよ》は亞細亞《アジヤ》、阿弗利加《アフリカ》、歐羅巴《ヨーロッパ》の三大陸《だいりく》を結《むす》びつけて居《を》るパレスチナ附近《ふきん》を中心《ちゆうしん》として起《おこ》る戰爭《せんさう》で、其範圍《そのはんゐ》は全世界擧《ぜんせかいこぞ》つて之《これ》に加《くは》はるといふ大戰爭《だいせんさう》である。今《いま》に戶締《とじま》りせずとも安心《あんしん》して寢《ね》られる時代《じだい》が來《く》るなどゝいつて居《を》る人《ひと》があるが、其《それ》は其患難時代後《このくわんなんじだいご》の千年王國《ねんわうこく》に入《はい》つてからの事《こと》で、其前《そのまへ》に世《よ》の中《なか》が轉倒《てんたう》する程《ほど》の大騷《おほさわ》ぎが起《おこ》るのである。然《しか》し新婦《はなよめ》たる信者《しんじや》は其前《そのまへ》に天《てん》に携《たづさ》へ擧《あ》げらるゝのである。

却說《さて》、其患難時代《そのくわんなんじだい》に於《おい》て世界《せかい》を攪廻《かきまは》すによいだけ攪廻《かきまは》す大人物《だいじんぶつ》が現《あら》はれる。其名《そのな》は何《なん》といふか解《わか》らぬが、僞《にせ》キリストといふ事《こと》だけは解《わか》つて居《を》る。或《あるひ》は猶太人中《ユダヤじんちゆう》から起《おこ》るともいはれ、或《あるひ》は猶太人《ユダヤじん》と異邦人《いはうじん》との混血兒《あひのこ》だらうともいはれて居《を》るが、いづれにしても偉大《ゐだい》なる人物《じんぶつ》で、巧妙《かうめう》なる手段《しゆだん》を以《もつ》て人心《じんしん》を收攬《しうらん》し、遂《つひ》に世界《せかい》の覇權《はけん》を握《にぎ》るに至《いた》るのである。猶太人《ユダヤじん》は今尙《いまなほ》メシヤの出現《しゆつげん》を待《ま》つて居《を》るのであるから、是《これ》こそ待望《まちのぞ》めるメシヤならんと彼《かれ》を歡迎《くわんげい》し之《これ》に事《つか》へるが、猶太人《ユダヤじん》は辛苦《しんく》艱難《かんなん》して折角《せつかく》貯《た》めた金《かね》を彼《かれ》に絞《しぼ》り取《と》られて終《しま》ふのである。彼《かれ》とて金錢《きんせん》がなければ仕事《しごと》が出來《でき》ない故《ゆゑ》、之《これ》を猶太人《ユダヤじん》から徴收《ちやうしう》するのである。然《しか》し更《さら》に彼《かれ》は猶太人等《ユダヤじんたち》に偶像崇拜《ぐうざうすうはい》を强《し》ゆるに及《およ》んで始《はじ》めて、猶太人《ユダヤじん》は眼醒《めさ》める。惟《ゐ》一神信仰《しんしんかう》によりて育《そだ》てられた彼等《かれら》は是《これ》は本物《ほんもの》のメシヤでないと氣《き》が附《つ》き、奮起《ふんき》して彼《かれ》に反對《はんたい》する。其結果《そのけつくわ》猶太人《ユダヤじん》は此僞《このにせ》キリストに甚《はなは》だしく虐《いぢ》められるのである。是《これ》は彼等《かれら》に取《と》つて未曾有《みぞう》の大患難《だいくわんなん》である。此僞《このにせ》キリストは啻《たゞ》に猶太人《ユダヤじん》のみならず、世界《せかい》の凡《すべ》ての民《たみ》を惑《まど》はし苦《くる》しめる。彼《かれ》の傍若無人《ばうじやくぶじん》の專横振《せんわうぶり》は默示錄《もくしろく》や但以理書《ダニエルしよ》に記《しる》してあるが、我等《われら》の想像以上《さうざういじやう》のものがあり、實《じつ》に戰慄《せんりつ》せざるを得《え》ざるものである。

我等《われら》が主《しゆ》の祈《いのり》に於《おい》て「我等《われら》を試探《こゝろみ》に遇《あ》はせず惡《あく》より救《すく》ひ出《いだ》し給《たま》へ」と祈《いの》つて居《を》るのは、

此來《このきた》らんとする大患難時代《だいくわんなんじだい》に遇《あ》ふ事《こと》なく、此惡《このあし》き者《もの》の手《て》より救《すく》はれん事《こと》を豫《あらか》じめ祈《いの》る祈禱《いのり》である。

此僞《このにせ》キリストは不法《ふはふ》の靈《れい》の具体的《ぐたいてき》に顯現《けんげん》したものである。

『孺子《わかきこ》よ今《いま》は乃《すなは》ち末《すゑ》の世《よ》キリストに敵《てき》する者來《ものきた》らんと爾曹《なんぢら》が聞《きゝ》し所《ところ》の如《ごと》く今《いま》すでにキリストに敵《てき》する者多《ものおほ》し、是《これ》に由《より》て今《いま》は乃《すなは》ち季《すゑ》の世《よ》なるを我儕《われら》は知《しれ》り、……誰《たれ》か是《この》謊者《いつはりびと》、イエスを云《いひ》てキリストとせざる者《もの》ならずや、父《ちゝ》と子《こ》とを拒《こば》む者《もの》は即《すなは》ちキリストに敵《てき》する者《もの》なり』（約翰第壹書《ヨハネだいしよ》二章《しやう》十八、廿二節《せつ》）

『凡《おほよ》そイエスキリストを認《いひあら》はさざる靈《れい》は神《かみ》より出《いづ》るに非《あら》ず、即《すなは》ちキリストに敵《てき》する者《もの》なり、此者《このもの》の將《まさ》に來《きた》らんとする事《こと》は爾曹《なんぢら》が聞《き》ける所《ところ》なり、今《いま》すでに世《よ》に居《をれ》り』（約翰第壹書《ヨハネだいしよ》四章《しやう》三節《せつ》）。

此《こ》の聖言《みことば》によつても知《し》らるゝ如《ごと》く、頓《やが》て來《きた》らんとする患難時代《くわんなんじだい》の主人公《しゆじんこう》として全世《ぜんせ》界《かい》を惱《なや》ます僞《にせ》キリストの子分《こぶん》、又先驅者《またせんくしや》ともいふべき不法《ふはふ》の靈《れい》が、今《いま》や世界到《せかいいた》る處《ところ》に活躍《くわつやく》して居《を》る。ロシヤの赤化思想《せきくわしさう》、反宗教運動等《はんしゆうけううんどうなど》の如《ごと》きは其《それ》である。彼等《かれら》は父《ちゝ》なる神《かみ》を拒《こば》み、キリストを拒《こば》んで居《を》る。是皆不法《これみなふはふ》の靈《れい》の働《はたらき》である。今聖靈《いませいれい》は之《これ》が具體的《ぐたいてき》に顯《あら》はるゝのを防《ふせ》いで、之《これ》を壓《おさ》へつけて居給《ゐたま》ふが、聖靈《せいれい》が新婦《はなよめ》なる教會《けうくわい》を天《てん》に携《たづさ》へ擧《あ》げ給《たま》ふた後《のち》、是《これ》が人格《じんかく》を備《そな》へた人《ひと》として具體的《ぐたいてき》に顯《あら》はれて、偶像《ぐうざう》、姦淫《かんいん》、魔術其他《まじゆつそのた》あらゆる手段《しゆだん》を以《もつ》て世界《せかい》の人《ひと》を惑《まど》はすのである。

其時《そのとき》毅然《きぜん》として起上《たちあが》る者《もの》は東《ひがし》より來《きた》る民《たみ》である。始《はじめ》に掲《かゝ》げた以賽亞書《イザヤしよ》四十六章《しやう》の聖《み》言《ことば》によれば、「東《ひがし》より鷲《わし》をまねき」とあるが、此鷲《このわし》とは型《かた》で、飛行機《ひかうき》を指《さ》す。驚《おどろ》くべき强力《きやうりよく》の飛行機《ひかうき》が東《ひがし》の國《くに》より表《あら》はれて、僞《にせ》キリストの爲《ため》に惱《なや》まされて居《を》る民《たみ》を救《すく》ふといふのである。尚其《なほその》四十一章《しやう》の聖言《みことば》によれば、東《ひがし》より起《おこ》る人《ひと》は向《むか》ふ處敵《ところてき》なき勢《いきほひ》で諸國《しよこく》を征服《せいふく》するとあり、東《ひがし》から西《にし》へ〳〵と大陸《たいりく》に向《むか》つてグン〳〵伸《の》びて行《ゆ》く事《こと》を預言《よげん》してある。是《これ》は海軍《かいぐん》の事《こと》ではない。大陸《たいりく》に向《むか》つて武力《ぶりよく》を以《もつ》て發展《はつてん》して行《ゆ》くのである。而《しか》して最後《さいご》に僞《にせ》キリストに與《くみ》する王等《わうたち》を抑《おさ》へつけるのである。私《わたくし》は徒《いたづ》らに日本《にほん》の大陸政《たいりくせい》策《さく》を謳歌《おうか》するのでもなければ、軍部《ぐんぶ》に阿諛《あゆ》して居《を》るのでもない。是《これ》は聖書《せいしよ》の光《ひかり》なればかくいふのである。肉《にく》の考《かんがへ》から日本《にほん》が偉《えら》いからとていふのではない。神《かみ》の攝理《せつり》の中《うち》にかくなつて居《を》るといふのである。神《かみ》は此民族《このみんぞく》をして其使命《そのしめい》を果《はた》さしめんが爲《ため》に、過去《くわこ》二千五百年間外敵《ねんかんぐわいてき》の侮《あなど》りを受《う》くる事《こと》なからしめ給《たま》ふた。既《すで》に朝鮮《てうせん》は併合《へいがふ》せられ、今《いま》又滿洲《またまんしう》は日本《にほん》なくしては自立《じりつ》し得《え》ぬのである。是《こ》れ皆攝理《みなせつり》の中《うち》になつた事《こと》で、全能《ぜんのう》の神《かみ》が此日出《このひいづ》る國《くに》をして大陸《たいりく》に其手《そのて》を延《の》ばさしめんが爲《ため》に、深《ふか》い聖旨《みむね》の中《うち》に斯《か》くなし給《たま》ふた事《こと》であると信《しん》じて居《を》る。巧《うま》くやつたと喜《よろこ》ぶのでもなければ、國民的自負心《こくみんてきじふしん》からかゝる事《こと》をいふのでもない。神《かみ》の攝理《せつり》を辨《わきま》へ、其爲《そのため》に感謝《かんしや》もし又今後《またこんご》の爲《ため》にも祈《いの》らねばならぬ。我國《わがくに》は所謂基督敎國《いはゆるキリストけうこく》ではないが、神《かみ》が昔異邦人《むかしいはうじん》なるペルシヤ王《わう》クロスを起《おこ》して、旭日《きよくじつ》の東天《とうてん》に登《のぼ》るが如《ごと》き勢《いきほひ》を以《もつ》て近隣諸國《きんりんしよこく》を征服《せいふく》せしめ、かくて彼《かれ》をして選民《せんみん》イスラエルを解放《かいはう》せしめ給《たま》ふた如《ごと》く、末《すゑ》の世《よ》に於《おい》ては日《ひ》出《いづ》る國《くに》よりイスラエルの援助《ゑんじよ》者《しや》を起《おこ》し、世界《せかい》の平和《へいわ》を紊《みだ》す者《もの》を罰《ばつ》して選民《せんみん》を救《すく》はんが爲《ため》に、此國民《このこくみん》を用《もち》ひんとして居給《ゐたま》ふ。クロスは其型《そのかた》であつたのである。

此民《このたみ》が果《はた》して斯《か》ゝる事《こと》の爲《ため》に用《もち》ひられるのかと、余《あま》りの預言《よげん》に疑《うたが》ふ人《ひと》もあらふが、神《かみ》は此光《このひかり》を日本《にほん》に於《お》ける我等《われら》少數《せうすう》の者《もの》に與《あた》へ給《たま》ふた。私《わたくし》は今迄《いままで》多《おほく》の人々《ひと〴〵》の註釋書《ちゆうしやくしよ》を見《み》たが、日出《ひい》づる國《くに》に關《くわん》しては何《なん》ともいつて居《ゐ》ない。皆《みな》かゝる事《こと》には觸《ふ》れて居《を》らぬ。全《まつた》く無智《むち》である。元來《ぐわんらい》默示錄《もくしろく》などは、其他《そのた》の預言《よげん》も然《さ》うであるが、白人本位《はくじんほんゐ》に見《み》るべきものでない。然《しか》るに在來《ざいらい》の註釋家《ちゆうしやくか》が白人中心《はくじんちゆうしん》に偏《へん》して居《を》る故《ゆゑ》、歐米《おうべい》の註釋家《ちゆうしやくか》の目《め》に此《この》事《こと》が隱《かく》されたのである。默示錄《もくしろく》は全世界《ぜんせかい》の人《ひと》の運命《うんめい》に就《つい》て記《しる》してある預言《よげん》であるが、猶太人《ユダヤじん》を中心《ちゆうしん》にして解釋《かいしやく》すべきもので、廣《ひろ》い心《こゝろ》を以《もつ》て見《み》ねばならぬ。神《かみ》が我等《われら》の眼《め》を開《ひら》きて神《かみ》の大經綸《だいけいりん》を示《しめ》し給《たま》ふ時《とき》、我等《われら》は新《あたら》しき光《ひかり》を以《もつ》て默示錄《もくしろく》や但以理書《ダニエルしよ》其他《そのた》を見《み》る事《こと》が出來《でき》る。而《しか》して神《かみ》が此國民《このこくみん》を用《もち》ひんとして居給《ゐたま》ふ事《こと》が、深《ふか》き御經綸《ごけいりん》の中《うち》にある事《こと》を示《しめ》さるゝ時《とき》、我等《われら》は唯驚《たゞおどろ》かざるを得《え》ない。我等《われら》は歐米《おうべい》の註釋者《ちゆうしやくしや》の解說《かいせつ》を先入主《せんにふしゆ》とせず、參考《さんかう》に迄其《までそれ》を見《み》るとも、白紙《はくし》になつて神《かみ》の前《まへ》に出《い》で、聖靈《せいれい》の新《あたら》しき光《ひかり》を以《もつ》て見《み》る事《こと》が出來《でき》るやう祈《いの》らねばならぬ。かくて新《あたら》しき光《ひかり》を與《あた》へられ、大使命《だいしめい》を自覺《じかく》して本《ほん》式《しき》に祈《いの》るやうにならねばならぬ。斯《かゝ》る立場《たちば》にある我等《われら》は此事《このこと》に就《つい》て無智《むち》であつてはならぬ。明白《めいはく》なる光《ひかり》を以《もつ》て主《しゆ》の祈《いのり》が成就《じやうじゆ》せん事《こと》、即《すなは》ち聖國《みくに》の臨《きた》らん事《こと》を祈《いの》り、又《また》試探《こゝろみ》に遇《あ》はせず惡《あく》より救《すく》ひ出《いだ》されん事《こと》を祈《いの》るべきである。

第九章　日《ひ》出《いづ》る處《ところ》より登《のぼ》る天使《てんし》

廣き心を以て神の大經綸を見よ――日出る方より登る天使――キリストの模型としての日――光たる神と光の子――日に向つては戰は勝てず――西へ發展する國民――四人の天使とは四大人種――スラブ、チユートン、ラテン、アングロサクソン――他の一人の天使は日出る國の大和民族――四大民族に對しての使命――日本の軍備の役立つ時――選民の自覺と結合の爲め――十四萬四千の意義――默示錄の解釋に就て――聖國を臨らせ給への祈――活る神の指圖によりて働く者たらんが爲め

『此後《このゝち》われ四人《よたり》の天使《てんのつかひ》地《ち》の四隅《よすみ》に立《たち》て地《ち》の四方《しはう》の風《かぜ》を援《ひき》とめ地《ち》の上《うへ》にも海《うみ》の上《うへ》にも樹《き》の上《うへ》にも風《かぜ》を吹《ふ》かせざるを見《み》たり、又《また》この他《ほか》に一人《ひとり》の天使《てんのつかひ》活神《いけるかみ》の印《いん》を持《もち》て東《ひがし》より登《のぼ》り來《きた》るを見《み》たり、此使者《このつかひ》かの地《ち》と海《うみ》を傷《そこな》ふことを許《ゆる》されたる四人《よたり》の使者《つかひ》に向《むかひ》て大聲《おほごゑ》に呼《よば》はり、我儕《われら》の神《かみ》の僕《しもべ》の額《ひたひ》に我儕《われら》が印《いん》するまでは地《ち》をも海《うみ》をも樹《き》をも傷《そこな》ふ可《べか》らずと曰《いへ》り、われ印《いん》せられたる者《もの》の

數《かず》を聞《き》きしにイスラエルの諸《もろ〳〵》の支派《わかれ》のうち印《いん》せられたる者《もの》合《あは》せて十四萬《まん》四千あり』（默示録《もくしろく》七章《しやう》一節《せつ》より四節迄《せつまで》）

先《ま》づ初《はじめ》に本講演《ほんかうえん》のメッセーヂに就《つい》て特《とく》に讀者《どくしや》の注意《ちゆうい》を喚起《くわんき》したいのは、此問題《このもんだい》は一民族《みんぞく》、一國家《こくか》の見地《けんち》より割出《わりだ》しては解《わか》らないといふ事《こと》である。是《これ》は神《かみ》の經綸《けいりん》に關《くわん》する事《こと》、即《すなは》ち全世界《ぜんせかい》更《さら》に大《だい》にしては全宇宙《ぜんうちう》に關《くわん》する神《かみ》の世々《よゝ》の御計畫《ごけいくわく》の遂行《すゐかう》に關係《くわんけい》した事《こと》である故《ゆゑ》、廣《ひろ》い心《こゝろ》を以《もつ》て讀《よ》んで戴《いたゞ》きたい。「聖書《せいしよ》より見《み》たる日本《にほん》」と題《だい》するも、究極《きうきよく》は主《しゆ》イエスキリストが再臨《さいりん》して此世《このよ》に平和《へいわ》の千年王國《ねんわうこく》を建設《けんせつ》し給《たま》ふ事《こと》より割出《わりだ》しての話《はなし》である故《ゆゑ》、此事《このこと》を始終念頭《しじゆうねんとう》に置《お》いて貰《もら》ひたい。此問題《このもんだい》は尚研究《なほけんきう》の余地《よち》があり、神《かみ》は今《こん》後《ご》とも更《さら》に鮮《あざや》かなる光《ひかり》を以《もつ》て導《みちび》き給《たま》ふと信《しん》ずるが、以上《いじやう》の見地《けんち》から廣《ひろ》い心《こゝろ》を以《もつ》て見《み》て戴《いたゞ》きたい。無論《むろん》一個人《こじん》の靈《たましひ》の救《すくひ》、一教會《けうくわい》の發展《はつてん》を無視《むし》するのではないが、本問題《ほんもんだい》は一個《こ》の人間《にんげん》が惠《めぐ》まれるの惠《めぐ》まれないのといふ事《こと》よりも遙《はる》かに大《おほ》いなる、全世界《ぜんせかい》に係《かゝ》はる神《かみ》の大經綸《だいけいりん》に關《くわん》する事故《ことゆゑ》、御互《おたがひ》に此点《このてん》に充分《じゆうぶん》に眼《め》を開《ひら》かれたいのである。

扨《さ》て前記《ぜんき》の聖書《せいしよ》の言《ことば》によりて記《しる》されし出來事《できごと》は前章《ぜんしやう》にも記《しる》せる如《ごと》く、聖徒《せいと》の携擧後《けいきよご》に於《お》ける地上《ちじやう》の患難時代《くわんなんじだい》の事《こと》である。二節《せつ》の「東《ひがし》」といふ字《じ》は前《さき》にも述《の》べし如《ごと》く希臘《ギリシヤ》語《ご》のアナトレーで、日《ひ》出《いづ》る所《ところ》を指《さ》す。改譯《かいやく》には「日《ひ》の出《いづ》る方《かた》より」としてある。此天《このてんの》使《つかひ》は日《ひ》出《いづ》る所《ところ》より登《のぼ》る天使《てんのつかひ》である。世界中日《せかいぢゆうひ》出《いづ》る國《くに》といはゞ我日本《わがにほん》の他《ほか》にはない。然《しか》し今《いま》先《ま》づ「日《ひ》」といふ事《こと》に就《つい》て聖書《せいしよ》の上《うへ》から考《かんが》へて見《み》るに、是《これ》は頓《やが》て來《きた》り給《たま》ふ義《ぎ》の太陽《たいやう》なるキリストの型《かた》であると示《しめ》してある。「そは神《かみ》ヱホバは日《ひ》なり盾《たて》なり」（詩篇《しへん》八十四篇《ぺん》十一節《せつ》）とあるは、神《かみ》を物質的《ぶつしつてき》に擬《なぞら》へていはゞ、神《かみ》は日《ひ》の如《ごと》く輝《かゞや》き出《いづ》るもの又盾《またたて》の如《ごと》く我等《われら》を護《まも》る者《もの》といふのである。更《さら》に此日《このひ》は表號的《へうがうてき》に見《み》て我等《われら》の主張《しゆちやう》する新生《しんせい》、聖化《せいくわ》、神癒《しんゆ》、再臨《さいりん》の四重《じゆう》の福音《ふくいん》に關係《くわんけい》がある。此事《このこと》は拙演《せつゑん》「四重《じゆう》の福音《ふくいん》」に詳《くは》しく記《しる》した故《ゆゑ》、此處《こゝ》には省略《しやうりやく》するが、此意味《このいみ》に於《おい》て日《ひ》出《いづ》る所《ところ》といふ事《こと》も模《も》型的《けいてき》に見《み》る事《こと》が出來《でき》る。

聖書《せいしよ》には神《かみ》を光《ひかり》として表《あら》はしてある言《ことば》が多《おほ》くある。今其《いまその》二三の例《れい》を擧《あ》げんに、

『されど我名《わがな》をおそるゝ汝《なんぢ》らには義《ぎ》の日○いでゝ昇《のぼ》らん、その翼《つばさ》には醫《いや》す能《ちから》をそなへん、汝《なんぢ》らは牢《をり》よりいでし犢《こうし》の如《ごと》く躍跳《をどら》ん』（馬拉基書《マラキしよ》四章《しやう》二節《せつ》）

『神《かみ》は○光なり少《すこし》の暗處《くらきところ》なし此《こ》は我儕《われら》彼《かれ》より聞《きゝ》て亦《また》なんぢらに傳《つたふ》る告《つげ》なり　…若《もし》神《かみ》の○光に在《ある》が如《ごと》く光《ひかり》の中《うち》を行《ある》かば我儕互《われらたがひ》に同心《とも》となるを得《え》、かつ其子《そのこ》イエスキリストの血《ち》すべて罪《つみ》より我儕《われら》を潔《きよ》む』（約翰第壹書《ヨハネだいしよ》一章《しやう》五、七節《せつ》）

又《また》この光《ひかり》の神《かみ》によりて救《すく》はれた神《かみ》の子等《こたち》を光《ひかり》の子《こ》、晝《ひる》の子《こ》と呼《よ》んでゐる。

『爾曹《なんぢら》みな光《ひかり》の子《こ》ども晝《ひる》の子《こ》どもなり、われら夜《よる》に屬《つけ》る者暗《ものくらき》に屬《つけ》る者《もの》に非《あら》ず』（帖撒《テサ》羅尼迦《ロニケ》前書《ぜんしよ》五章《しやう》五節《せつ》）

『これ爾曹《なんぢら》が玷《かけ》なく雜《まじり》なく神《かみ》の子《こ》となり曲《まが》れる邪《よこしま》なる時代《じだい》に在《あり》て責《せむ》べき所《ところ》なからん爲《ため》なり、爾曹《なんぢら》は此時代《このじだい》に在《あり》て光《ひかり》の如《ごと》く世《よ》に顯《あら》はれ生命《いのち》の道《ことば》を保《たも》てり』（腓立比書《ピリピしよ》二章《しやう》十五節《せつ》）

かく我等《われら》は光《ひかり》の子《こ》、日《ひ》の子《こ》である。況《ま》して再臨《さいりん》し給《たま》ふ主《しゆ》に就《つい》ては明《あきら》かに日《ひ》であると記《しる》してある。

『夜《よ》すでに央《ふけ》て日《ひ》近《ちか》づけり』（羅馬《ローマ》書《しよ》十三章《しやう》十二節《せつ》）

此日《このひ》とは義《ぎ》の太陽《たいやう》なる主《しゆ》イエスで、其主《そのしゆ》の再臨《さいりん》が近《ちか》いといふのである。日《ひ》出《いづ》る國《くに》に居《を》る我等《われら》日《ひ》の子《こ》の群《むれ》が義《ぎ》の太陽《たいやう》の出現《しゆつげん》を明暮《あけくれ》待《ま》つて居《を》るのは、意味《いみ》深《ふか》い事《こと》である。

此日《このひ》といふ事《こと》に就《つい》て、迷信《めいしん》がいつた言草《いひぐさ》のやうではあるが、昔《むかし》から日《ひ》に逆《さから》つて戰《いくさ》した者《もの》は敗北《はいぼく》して居《を》る。かの對島海峽《つしまかいけふ》に於《お》ける日露《にちろ》海戰《かいせん》に際《さい》し、初《はじ》め日《に》本艦隊《ほんかんたい》は敵艦隊《てきかんたい》を東《ひがし》に迎《むか》へて撃《う》たうとしたが、急《きふ》に丁字形《ていじがた》に北《きた》に廻《まは》つて敵艦隊《てきかんたい》の行進《かうしん》を止《と》めつゝ東《ひがし》に廻《まは》り、東《ひがし》より西《にし》に向《む》けて敵艦隊《てきかんたい》を砲撃《はうげき》し出《だ》した爲《た》め、あのやうな大勝《たいしよう》を博《はく》したといふ事《こと》を聞《き》いて居《を》る。是《これ》は戰略《せんりやく》に長《た》けた東郷大將《とうごうたいしやう》が日《ひ》に逆《さから》つて戰《たゝか》ふ事《こと》の不利《ふり》なるに氣附《きづ》かれて、かくせられた事《こと》と思《おも》はれる。昔《むかし》は源平合戰《げんぺいかつせん》の時《とき》、弓《ゆみ》の名手《めいしゆ》那須《なす》の與市《よいち》は平家《へいけ》の官女《くわんぢよ》の捧《さゝ》ぐる扇《あふぎ》の日《ひ》の丸《まる》の的《まと》を射《い》る事《こと》を避《さ》けて、扇《あふぎ》の要《かなめ》を射《い》たといふ事《こと》は人皆《ひとみな》知《し》る所《ところ》である。是《これ》も型《かた》として見《み》て面白《おもしろ》いが、其《それ》は兎《と》も角《かく》、かの元寇《げんこう》に就《つい》て見《み》ても、元《げん》の國《くに》は日《ひ》出《いづ》る國《くに》に矛《ほこ》を向《む》けた爲《ため》に滅《ほろ》び、近世《きんせい》に於《おい》ては露西亞《ロシヤ》が東《ひがし》へ〳〵と、日《ひ》の方《はう》に手《て》を延《の》ばした爲《ため》に破《やぶ》れたのである。我等《われら》は是等《これら》の事《こと》を思《おも》ふ時《とき》、日《ひ》に向《むか》つて逆《さから》ふ事《こと》の大禁物《だいきんもつ》である事《こと》を思《おも》はせられる。日《ひ》を後《うし》ろにして行《ゆ》く時《とき》に勝利《しようり》が得《え》られる。かゝる事《こと》は迷信家《めいしんか》のいふ事《こと》のやうであるが、今《いま》でも軍人《ぐんじん》が大砲《たいはう》や鐵砲《てつぱう》を撃《う》つ時《とき》、日《ひ》の方《はう》に向《むか》つて撃《う》つ時《とき》には照準《せうじゆん》が定《さだま》りかねるといふ。之《これ》は熟練《じゆくれん》した一砲兵《はうへい》のいつた事《こと》である。私《わたくし》は是等《これら》の事《こと》を靈的《れいてき》に當篏《あては》めて見《み》て意味《いみ》がある事《こと》だと思《おも》つて居《を》る。神《かみ》は日《ひ》出《いづ》る國《くに》の民《たみ》を用《もち》ひて大《おほい》なる事《こと》をなさんとして居給《ゐたま》ふのである。日本《にほん》の立場《たちば》は實《じつ》に重大《じゆうだい》である事《こと》を悟《さと》らねばならぬ。前章《ぜんしやう》にもいひし如《ごと》く、光《ひかり》は東《ひがし》よりで、日《ひ》が東《ひがし》から西《にし》へ廻《まは》る如《ごと》く、我國民《わがこくみん》も西《にし》へ西《にし》へと發展《はつてん》するやうに、神《かみ》が國民《こくみん》の運命《うんめい》を決《き》めて居給《ゐたま》ふやうである。

却說《さて》、前記《ぜんき》默示錄《もくしろく》第七章《だいしやう》の言《ことば》は實《じつ》に嚴肅《げんしゆく》なる事《こと》を示《しめ》して居《を》る。四人《よたり》の天使《てんのつかひ》が地《ち》の四隅《すみ》に立《た》つて四方《はう》の風《かぜ》を援《ひき》とめ、地《ち》の上《うへ》、海《うみ》の上《うへ》、樹《き》の上《うへ》、何處《どこ》にも風《かぜ》を吹《ふ》かせぬやうにするとは、一寸《ちよつと》穩《おだ》やかになる事《こと》をいふやうであるが、是《これ》は決《けつ》して平和《へいわ》を齎《もたら》す意味《いみ》ではない。風《かぜ》が死《し》んで氣味《きみ》惡《わる》い無風狀態《むふうじやうたい》になれば物《もの》は皆腐敗《みなふはい》して終《しま》う。即《すなは》ち是《これ》は世界《せかい》の人間《にんげん》をして窒息《ちつそく》させて終《しま》うといふ恐《おそ》ろしい有樣《ありさま》を指《さ》すのである。此四人《このよたり》の天使《てんのつかひ》は誰《たれ》であるかに就《つい》ては、從來種々《じゆうらいしゆぐ》の解釋《かいしやく》があるが、米國《べいこく》の聖潔《きよめ》の傳道者《でんだうしや》であつた故《こ》ゴッドベー博士《はかせ》の說《せつ》が最《もつと》も私共《わたくしども》に暗示《あんじ》を與《あた》へる。即《すなは》ち彼《かれ》は是《これ》を歐羅巴《ヨーロッパ》に於《お》ける四大人種《だいじんしゆ》だといふて居《を》る。今五大强國《いまだいきやうこく》といふ事《こと》がいはれて居《を》るが、是《これ》は四大人種《だいじんしゆ》で、第《だい》一はスラブ人種《じんしゆ》を代表《だいへう》するロシヤ人《じん》、ポーランド人《じん》、モラビア人《じん》。第《だい》二はチユートン人種《じんしゆ》を代表《だいへう》するドイツ人《じん》、オーストリア人《じん》。第《だい》三はラテン人種《じんしゆ》を代表《だいへう》するイタリー人《じん》、フランス人《じん》、スペイン人《じん》、ポルトガル人《じん》、ルーマニヤ人《じん》。第《だい》四はアングロサクソン人種《じんしゆ》を代表《だいへう》するイギリス人《じん》、アメリカ人《じん》である。而《しか》して此《この》四大人種《だいじんしゆ》が常《つね》に此世界《このせかい》に於《おい》て苦情《くじやう》を起《おこ》して居《を》ると、ゴッドベー博士《はかせ》がいつて居《を》る。東洋人《とうやうじん》がかくいふのでなく、アングロサクソンの一人《ひとり》なる博士《はかせ》がかくいつて居《を》るのである。現《げん》に歷史《れきし》を見《み》れば其通《そのとほ》りで、世界《せかい》の何處《どこ》かで平和《へいわ》を紊《みだ》して居《を》る。更《さら》に此《この》四大人種《だいじんしゆ》は其程度《そのていど》に於《おい》て幾分《いくぶん》の差《さ》はあるが皆《みな》多少《たせう》神《かみ》の選民《せんみん》を苦《くるし》めて居《を》る。然《しか》るに神《かみ》はイスラエル人《じん》を救《すく》ふ爲《ため》に、彼等《かれら》と何等關係《なにらくわんけい》なきが如《ごと》くして實《じつ》は關係《くわんけい》ある民《たみ》を用《もち》ひ給《たま》ふ。是《これ》は日出《ひいづ》る國《くに》の民《たみ》で、即《すなは》ち日出《ひいづ》る方《かた》より登《のぼ》り來《きた》る天使《てんのつかひ》を其爲《そのため》に用《もち》ひ給《たま》ふのである。これ神《かみ》の妙《たへ》なる攝理《せつり》による事《こと》である。

今《いま》より二十九年前《ねんぜん》初《はじ》めて此光《このひかり》を與《あた》へられし時《とき》、私《わたくし》は驚《おどろ》いた。ゴッドベー博士《はかせ》は四人《たり》の天使《てんのつかひ》に就《つい》ては解釋《かいしやく》したが、日出《ひいづ》る所《ところ》より上《のぼ》る天使《てんのつかひ》に就《つい》ては何《なん》ともいつて居《を》らぬ。けれどももし彼《かれ》の解釋《かいしやく》が眞《しん》であり、四《よ》人《たり》の天使《てんのつかひ》が四大民族《だいみんぞく》であれば、此他《このはか》の天使《てんのつかひ》も亦當然或民族《またたうぜんあるみんぞく》でなければならぬ。而《しか》も此處《こゝ》に注意《ちゆうい》すべきは、天使《てんのつかひ》は普通上《ふつうへ》より降《くだ》る者《もの》の如《ごと》くいはれて居《を》るにも拘《かゝは》らず、此處《こゝ》には日出《ひいづ》る所《ところ》より登《のぼ》り來《きた》るとある。即《すなは》ち世《よ》より表《あら》はれる天使《てんのつかひ》である。尙又此天使《なほまたこのてんのつかひ》とは英語《えいご》の Angel 又《また》は Messenger で、即《すなは》ち使《し》者《しや》である。必《かなら》ずしも神《かみ》の使《つかひ》とは限《かぎ》らぬ。改譯《かいやく》には御使《みつかひ》とあるが、御《おん》の字《じ》をつけるべき筈《はず》でない。此四《このよ》人《たり》の使者《ししや》は惡魔《あくま》の手先《てさき》となつて世界《せかい》の平和《へいわ》を紊《みだ》し、又《また》イスラエルの民《たみ》を苦《くるし》めるのであるが、日出《ひいづ》る所《ところ》の使者《ししや》が顯《あら》はれて、彼等《かれら》を壓《おさ》へて止《や》めさせるのである。

現《げん》に日出《ひいづ》る處《ところ》に於《おい》てはイスラエルを救《すく》ふ準備《じゆんび》を無意識《むいしき》にしつゝあるのである。

日本《にほん》で今盛《いまさか》んにやつて居《を》る軍備《ぐんび》は何《なん》の爲《ため》に役《やく》に立《た》つか、知《し》つて居《を》る者《もの》は少《すくな》いが、之《これ》が頓《やが》て役《やく》に立《た》つ時《とき》が來《く》るのである。日本《にほん》の軍部《ぐんぶ》の人《ひと》はそんな事《こと》は少《すこ》しも知《し》らずにやつて居《を》るが、聖書《せいしよ》の光《ひかり》を以《もつ》て見《み》れば、是《これ》は頓《やが》て世界《せかい》の平和《へいわ》を紊《みだ》す者《もの》を壓《おさ》へつける爲《ため》と、選民《せんみん》イスラエルを救《すく》ふ爲《ため》に用《もち》ひられるやうになるのである。此處《こゝ》ではイスラエルに福《ふく》音《いん》を傳《つた》へて、彼等《かれら》を救《すく》ひ出《だ》すといふ意味《いみ》ではなくして、「我等《われら》の神《かみ》の僕《しもべ》の額《ひたひ》に印《いん》するまで」、四人《よたり》の天使《てんのつかひ》を引《ひき》とめて居《を》るのである。此印《このいん》するとは世界中《せかいぢゆう》に散在《さんざい》して居るイスラエル人《じん》に神《かみ》の選民《せんみん》たる自覺《じかく》を起《おこ》さしむる事《こと》で、其爲《そのため》に日出《ひいづ》る處《ところ》より上《のぼ》る天使《てんのつかひ》が用《もち》ひらるゝのである。即《すなは》ち彼等《かれら》が我等《われら》は神《かみ》の選民《せんみん》である、我等《われら》の爲《ため》に神《かみ》はパレスチナを先祖《せんぞ》アブラハムに約束《やくそく》し給《たま》ふたのではないかと思《おも》ひ起《おこ》し、かくて彼等《かれら》が故國《ここく》に歸還《きくわん》せんとするのである。無論彼等《むろんかれら》が自《みづか》ら自覺《じかく》する途《みち》もあらふが、日出《ひいづ》る國《くに》の民族《みんぞく》を用《もち》ひて他動的《たどうてき》に自覺《じかく》せしめ給《たま》ふのであると思《おも》はれる。かゝる意味《いみ》に取《と》るのが此處《こゝ》の適當《てきたう》の解《かい》釋《しやく》であると思《おも》はれる。

然《しか》らば此處《こゝ》に記《しる》さるゝ救《すく》はるゝイスラエルの數《かず》が十四萬《まん》四千とあるのは如何《いか》なる數《かず》であるかといふに、是《これ》は表號的《へうがうてき》の數《かず》で、十二(完全數《くわんぜんすう》)に十二を乘《じよう》じた數《かず》で、即《すなは》ち完全《くわんぜん》に或《あるひ》は盡《ことごと》くといふ意味《いみ》である。十二とは組織的完全數《そしきてきくわんぜんすう》、政治的完全數《せいぢてきくわんぜんすう》であつて、即《すなは》ち統一的《とういつてき》に、團體的《だんたいてき》に目醒《めざ》めた結合《けつがふ》をかくいふのである。今選民《いませんみん》は各所《かくしよ》に散在《さんざい》して居《を》るが、此民《このたみ》に神《かみ》の選民《せんみん》であるとの自覺《じかく》を明白《めいはく》ならしめて結《むす》びつけ、而《しか》して其故國《そのここく》に歸《かへ》るやうにするのが、彼等《かれら》を虐《いぢ》めて居《を》る歐羅巴人《ヨーロッパじん》ではなくして、我等大和民族《われらやまとみんぞく》であるといふのである。是實《これじつ》に驚《おどろ》くべき事《こと》ではないか。

私《わたくし》は曾《かつ》て默示錄《もくしろく》に就《つい》て種々《いろ／＼》の註釋《ちゆうしやく》を讀《よ》んだが、歐米《おうべい》の註釋者《ちゆうしやくしや》は皆地中海《みなちちゆうかい》を中心《ちゆうしん》として之《これ》を解釋《かいしやく》し、又白人《またはくじん》を中心《ちゆうしん》として解釋《かいしやく》して居《を》る故《ゆゑ》、何《なん》となく不滿足《ふまんぞく》を感《かん》じて居《ゐ》た。默示錄《もくしろく》は唯白人《たゞはくじん》のみに關係《くわんけい》したものではなく、世界《せかい》の凡《すべ》ての民族《みんぞく》の運命《うんめい》に關係《くわんけい》するもの故《ゆゑ》、何《なに》とか世界的《せかいてき》の光《ひかり》を以《もつ》て解《かい》せねばならぬと思《おも》つて居《ゐ》たが、當時《たうじ》は如何《どう》いふ風《ふう》に解釋《かいしやく》してよいか解《わか》らなかつた。然《しか》るに今《いま》より十年前英國《ねんぜんえいこく》に行《い》つた時《とき》、多《おほく》の人《ひと》に此《この》問題《もんだい》に就《つい》て質問《しつもん》し、何故《なぜ》歐米《おうべい》の聖書學者等《せいしよがくしやたち》は地中海《ちちゆうかい》を中心《ちゆうしん》として研究《けんきう》して世界的《せかいてき》の光《ひかり》を以《もつ》て研究《けんきう》せぬのかを尋《たづ》ねた所《ところ》、或一人《あるひとり》の人《ひと》の答《こたへ》に、新約聖書《しんやくせいしよ》は全體《ぜんたい》猶太人《ユダヤじん》を中心《ちゆうしん》として考《かんが》へねば解《わか》らぬもので、默示錄《もくしろく》も主《おも》なる部分《ぶぶん》は猶太人《ユダヤじん》に關《くわん》する預言《よげん》であるが、其《その》猶太人《ユダヤじん》は地中海《ちちゆうかい》を中心《ちゆうしん》として廣《ひろ》がつて居《を》る故《ゆゑ》、地中海《ちちゆうかい》を中心《ちゆうしん》とするのであるといはれ、此時幾分《このときいくぶん》か光《ひかり》を與《あた》へられ、猶太人《ユダヤじん》を中心《ちゆうしん》として解釋《かいしやく》せねば解《わか》らぬと幾分解《いくぶんわか》つたが、扨《さ》て其猶太人《そのユダヤじん》が恢復《くわいふく》される爲《ため》に我等日本人《われらにほんじん》は何事《なにごと》をなすのか解《わか》らずに居《ゐ》たが、前記《ぜんき》の聖《み》言《ことば》によりて我大和民族《わがやまとみんぞく》こそ彼等選民《かれらせんみん》の恢復《くわいふく》に大《おほい》に關係《くわんけい》ある事《こと》を知《し》る事《こと》が出來《でき》た。

猶太人問題《ユダヤじんもんだい》といへば對岸《たいがん》の火災視《くわさいし》する者《もの》も尠《すくな》くないが、是《これ》は我等《われら》が大《おほい》に關係《くわんけい》ある問《もん》題《だい》で、決《けつ》して等閑《とうかん》にすべき事《こと》でない。私《わたくし》は既《すで》に過去《くわこ》に於《おい》て日本人《にほんじん》が猶太人《ユダヤじん》と關係《くわんけい》のあつた事及《ことおよ》び現在《げんざい》に於《おい》ても關係《くわんけい》ある事《こと》を述《の》べたが、更《さら》に來《きた》るべき時代《じだい》には更《さら》に深《ふか》き關《くわん》係《けい》あり、彼等《かれら》の回復《くわいふく》に就《つい》て我民族《わがみんぞく》に使命《しめい》と責任《せきにん》がある。而《しか》して神《かみ》が我等《われら》をして祈《いの》らしめ給《たま》ふ事《こと》は驚《おどろ》くべき事《こと》である。我等《われら》は「聖國《みくに》を臨《きた》らせ給《たま》へ」と祈《いの》つて居《を》るが、其聖國《そのみくに》とは如何《いか》なるものかといふに、イスラエルを中心《ちゆうしん》とした天國《てんごく》をいふ。之《これ》を知《し》らずに祈《いの》つて居《を》る者《もの》も多《おほ》いが、我等《われら》此事《このこと》を示《しめ》されて祈《いの》つて居《を》るのは、即《すなは》ち彼等《かれら》の爲《ため》に祈《いの》つて居《を》る事《こと》にもなる。されば此祈禱《このいのり》をいかに主《しゆ》が悦《よろこ》び給《たま》ふ事《こと》であらふ。此祈禱《このいのり》は又主《またしゆ》の再臨《さいりん》を早《はや》める事《こと》でもある。かく思《おも》ふ時《とき》に我等《われら》の祈《いの》つて居《を》る意味《いみ》が解《わか》つて來《く》る。我等《われら》は今後《こんご》も此爲《このため》に大《おほい》に祈《いの》らねばならぬ。唯形式的《たゞけいしきてき》の祈禱《いのり》でなく、又人眞似《またひとまね》のやうな祈禱《いのり》でもなく、此事《このこと》を明白《めいはく》に辨《わきま》へて、此光《このひかり》をもつて祈《いの》るべきである。

前記《ぜんき》の聖言《みことば》には「一人《ひとり》の天使《てんのつかひ》活《い》ける神《かみ》の印《いん》を持《も》ちて」とある。我民族《わがみんぞく》が活《いけ》る神《かみ》の指圖《さしづ》の下《もと》に動《うご》く者《もの》となるやうに祈《いの》らねばならぬ。全國《ぜんこく》を擧《あ》げてとは行《ゆ》くまいが、せめて眼《め》の開《ひら》かれた少數《せうすう》の者《もの》にても、此國《このくに》を代表《だいへう》して祈《いの》る者《もの》となるなれば、いかに幸福《かうふく》なる事《こと》であらふ。我國《わがくに》より偶像《ぐうざう》が全《まつた》く除《のぞ》かれ、我國民《わがこくみん》が神《かみ》の旨《むね》に從《したが》ふ國民《こくみん》となり、活《いけ》る神《かみ》の印《いん》を持《も》ちて起上《たちあが》る者《もの》とならん事《こと》を祈《いの》るや切《せつ》である。我等《われら》は此民族《このみんぞく》に神《かみ》が期待《きたい》して居《ゐ》給《たま》ふ事《こと》を思《おも》ふ時《とき》、又此民族《またこのみんぞく》は將來《しやうらい》に於《おい》て重大《じゆうだい》なる責任《せきにん》を負《お》ふべき民《たみ》である事《こと》を思《おも》ふ時《とき》、主《しゆ》よ此民《このたみ》を目醒《めさ》まし給《たま》へと祈《いの》らねばならぬ。

第十章　日本《にほん》對《たい》諸《しよ》國《こく》民《みん》

イスラエル人救濟の爲に四大民族を抑制する民族――將來世界的大事件の起るユフラテ河附近――志賀重昂氏の先見の明――ユフラテ河邊は世界一の石油の產地――各國の垂涎と鐵道の敷設――此附近への日本軍進出の好機を失す――日本人ペルシャ進出の一例――四大民族ユフラテ河附近に封ぜらる――日本は諸國の戰爭より手を引く――日本と國際聯盟――世界相手の日本國民――世界の人口三分の一殺さるゝ大戰爭――防彈チヨツキと毒瓦斯攻擊――世界大戰と日本の態度――我民族上下擧つて覺醒の必要――ジエリコ提督の警告

『第六《だい》の天《てん》の使《つかひ》鈲《らつぱ》を吹《ふき》し時《とき》、われ神《かみ》の前《まへ》なる金《きん》の祭壇《さいだん》の四角《よつのすみ》より出《いづ》る聲《こゑ》ありてこの鈲《らつぱ》を持《もて》る第六《だい》の天《てん》の使《つかひ》に語《かたる》をきく、曰《いはく》かの繋《つなが》れて大河《おほかは》ユフラテの邊《ほとり》にある四人《よたり》の使者《つかひ》を釋《ゆる》せ、乃《すなは》ち四人《よたり》の使者《つかひ》釋《ゆるさ》れたり、年月日時《ねんげつにちじ》に至《いた》りて人《ひと》の三分《ぶん》の一《いち》を殺《ころ》さん爲《ため》に之《これ》に備《そなへ》しもの也《なり》、騎兵《きへい》の數《かず》に萬《まん》々あり、我《われ》その數《かず》を聞《きけ》り、われ異象《まぼろし》に此馬《このうま》と之《これ》に乘《のれ》る者《もの》を見《み》しが其形狀《そのありさま》かくの如《ごと》し、彼等《かれら》は火色《ひいろ》紫色《むらさきいろ》硫黄色《いわういろ》の胸當《むねあて》を着《つく》、馬《うま》の首《かしら》は獅子《しし》の首《かしら》の如《ごと》く其口《そのくち》よりは火《ひ》と烟《けむり》と硫黄《いわう》いづ、此馬《このうま》の口《くち》より出《いづ》る火《ひ》と煙《けぶり》と硫黄《いわう》と三《みつ》のもの丶爲《ため》に人《ひと》の三分《ぶん》の一殺《いちころ》されたり、この馬《うま》の力量《ちから》は口《くち》と尾《を》にあり、其尾《そのを》は蛇《へび》の如《ごと》くにして首《かしら》あり、之《これ》を以《もつ》て人《ひと》を傷《そこな》ふ也《なり》、この禍《わざはひ》にて殺《ころ》されざる餘《のこり》の人々《ひとびと》は尙《なほ》その手《て》なす所《ところ》を悔改《くいあらた》めず、惡鬼《あくき》を拜《はい》し見《みる》こと聞《きく》こと行《あるく》ことを得《え》ざる金銀石木《きんぎんいしき》の偶像《ぐうざう》を拜《はい》し、又《また》その兇殺魔術姦淫盜竊《きやうさつまじゆつかんいんぬすみ》を悔改《くいあらた》めず』(默示錄《もくしろく》九章《しやう》十三節《せつ》より二十一節《せつ》)

前述《ぜんじゆつ》の如《ごと》く、日《ひ》出《いづ》る國《くに》の天使即《てんのつかひすなは》ち民族《みんぞく》が現《あら》はれて、世界《せかい》の平和《へいわ》を紊《みだ》す四大民族《だいみんぞく》を抑《おさ》へつける。これ何《なん》の爲《ため》かといふに、彼等《かれら》の間《あひだ》に介在《かいざい》して居《を》るイスラエル人《じん》を救濟《きうさい》せんが爲《ため》である。詳《くは》しい事《こと》は聖書《せいしよ》に記《しる》されて居《ゐ》ないから、或《あるひ》は記《しる》されてあるかも知《し》れぬが、私《わたくし》は未《いま》だ知《し》らぬから今《いま》いふ事《こと》は出來《でき》ぬ。日《ひ》出《いづ》る國《くに》の民族《みんぞく》が如何《いか》なる方法《はうはふ》を以《もつ》てイスラエル人《じん》を救《すく》ひ出《だ》すか、又四人《またよたり》の天使《てんし》を抑《おさ》へつけるかは知《し》らぬが、或不思議《あるふしぎ》な方法《はうはふ》を以《もつ》て此事《このこと》をなすと思《おも》はれる。何處《どこ》で彼等《かれら》を抑《おさ》へつけるかといへば、亞細亞《アジヤ》、歐羅巴《ヨーロッパ》、亞弗利加《アフリカ》三大陸《だいりく》を結《むす》びつける邊《はと》りのユフラテ河《かは》の近所《きんじよ》である。其處《そこ》は世界的大事《せかいてきだいじ》件《けん》の起《おこ》る所《ところ》であるが、彼等《かれら》は其處《そこ》で行詰《ゆきつま》つて終《しま》つて、動《うご》きがとれなくなるのである。

故志賀重昂氏《こしがじゆうかうし》は其著書《そのちよしよ》の中《なか》に、世界中《せかいぢゆう》でユフラテ河附近程石油《がはふきんほどせきゆ》の豐富《はうふ》に産出《さんしゆつ》する處《ところ》はないといつて居《を》られる。されば列國《れつこく》いづれも此處《こゝ》に目《め》をつけて居《を》る。先年獨逸《せんねんドイツ》は此處《こゝ》を取《と》らんと苦心《くしん》したが遂《つひ》に失敗《しつぱい》に歸《き》した。英國《えいこく》は歐洲大戰《おうしうたいせん》に於《おい》て獨領《どくりやう》を分捕《ぶんど》り、喜望峰《きばうはう》からアフリカを縱斷《じゆうだん》してナイル河《がは》の上流《じやうりう》に出《い》で、其處《そこ》から埃及通過《エヂプトつうくわ》パレスチナ迄《まで》行《ゆ》く鐵道敷設《てつだうふせつ》を企《くはだ》て、今《いま》や將《まさ》に完成《くわんせい》せんとして居《を》る。更《さら》に歐羅巴方面《ヨーロツパはうめん》よりはコンスタンチノーブルを通《とほ》り、小亞細亞《せうアジヤ》に亘《わた》る鐵道《てつだう》も既《すで》に完成《くわんせい》して居《を》る。米國《べいこく》はベーリング海峽《かいけふ》を埋《う》めて、カムチヤツカ半島《はんとう》を通《とほ》り拔《ぬ》けシベリヤ經由《けいゆ》一氣《き》にパレスチナ迄行《までゆ》かふといふ大鐵道《だいてつだう》の計畫《けいくわく》を企《くはだ》てゝ居《を》る。尚亞細亞《なほアジヤ》からも此處《こゝ》に鐵道《てつだう》が通《つう》ぜんとして居《を》る。滿洲鐵道《まんしうてつだう》の如《ごと》きは發端《はつたん》と見《み》るべきである。かく世界《せかい》の四方《はう》から鐵道《てつだう》が通《つう》ずるやうになり此處《こゝ》は世界《せかい》の中心《ちゆうしん》とならんとして居《を》る。而《しか》して此處《こゝ》は聖書《せいしよ》からいつても世界《せかい》の中心《ちゆうしん》たるべき所《ところ》である。何故皆《なぜみな》が此處《こゝ》に注意《ちゆうい》するかといへば、石油《せきゆ》が豐富《はうふ》に産出《さんしゆつ》するからであるが、志賀《しが》氏《し》がいつて居《を》らるゝやうに、今《いま》の時代《じだい》には石油《せきゆ》がなければ何事《なにごと》も出來《でき》ぬ時代《じだい》である故《ゆゑ》、彼處《かしこ》を占領《せんりやう》する者《もの》が世界《せかい》の覇權《はけん》を握《にぎ》る者《もの》となるからである。各國《かくこく》は是《これ》を知《し》つてか、知《し》らずしてか、兎《と》も角彼處《かくかしこ》に勢力《せいりよく》を集中《しふちゆう》して居《を》る事《こと》は事實《じじつ》である。

然《しか》らば日出《ひいづ》る國《くに》なる我日本《わがにほん》は之《これ》に對《たい》して何《なに》をして居《を》るか。去《さ》る歐洲大戰《おうしうたいせん》の際《さい》、土《ト》耳《ル》古《コ》が獨逸《ドイツ》に加擔《かたん》した爲《ため》に英國《えいこく》は大《おほい》に狼狽《らうばい》し、日本《にほん》の軍部《ぐんぶ》に向《むか》つて日本軍《にほんぐん》をペルシャ灣《わん》から上陸《じやうりく》させてバグダッドの方《はう》に派遣《はけん》してくれぬかと依賴《いらい》して來《き》たが、余《あま》り遠方《ゑんぱう》である爲《た》め、其依賴《そのいらい》に應《おう》じなかつたといふ事《こと》である。是《これ》は新聞《しんぶん》にも出《で》なかつた事《こと》で、私《わたくし》も或人《あるひと》を通《とほ》して又聽《またぎき》した事《こと》であるが、もし日本《にほん》の軍部《ぐんぶ》の人々《ひと〴〵》が聖書《せいしよ》の光《ひかり》をもつて居《を》り此日本《このにほん》が頓《やが》て此地方《このちはう》に於《おい》て起《おこ》る事件《じけん》に關係《くわんけい》せなければならぬ事《こと》を知《し》つて居《ゐ》たならば、是《これ》を好機《かうき》に必《かなら》ずや其處《そこ》に兵《へい》を送《おく》つて將來《しやうらい》の爲《ため》に適當《てきたう》なる根據地《こんきよち》を占據《せんきよ》して置《お》いたであらふにと思《おも》はれるが、遺憾《いかん》ながら彼等《かれら》は聖書《せいしよ》の光《ひかり》をもたぬ。惜《おし》い事《こと》をしたものである。兎《と》も角彼處《かくかしこ》は日本《にほん》と關係《くわんけい》のない場所《ばしよ》ではないのである。

先達《せんだつ》てペルシヤからトルキスタンの地方《ちはう》を廻《まは》つて歸《かへ》つて來《き》た或學士《あるがくし》に遇《あ》つたが、其《その》人《ひと》の話《はなし》によると、彼處《かしこ》に大《おほい》なる事《こと》が起《おこ》つて居《を》るといふ。といふのは、印度《インド》から山越《やまご》えしてペルシヤ迄《まで》通《つう》ずる鐵道《てつだう》を敷設《ふせつ》する爲《ため》に、ペルシヤ政府《せいふ》は日本《にほん》から技師《ぎし》を雇《やと》つて之《これ》に依託《いたく》し、今頻《いましき》りに工事中《こうじちゆう》であるとの事《こと》である。日本《にほん》の鐵道《てつだう》の技師《ぎし》の優秀《いうしゆう》なる事《こと》は夙《つと》に世界《せかい》の人々《ひとびと》の注目《ちゆうもく》する處《ところ》で、先《さき》に露西亞《ロシヤ》にも招聘《せうへい》されて行《い》つた者《もの》がある。林子平《りんしへい》が東京日本橋《とうきやうにほんばし》の下《した》を流《なが》るゝ水《みづ》はロンドンのテームス河《かは》を流《なが》れる水《みづ》と通《つう》ずるといつて、皆《みな》から氣狂扱《きちがひあつか》ひにされた事《こと》があつたが、今《いま》や不思議《ふしぎ》なる攝理《せつり》の中《うち》に、日本人《にほんじん》がかくユフラテ方面迄《はうめんまで》も關係《くわんけい》せんとして居《を》るのである。

然《しか》らば一體《たい》大和民族《やまとみんぞく》が起《た》つて如何《どう》するのかといへば、今年《ことし》か明年《みやうねん》か其《それ》は解《わか》らぬが、頓《やが》て來《きた》る患難時代《くわんなんじだい》に於《おい》て、四大民族《だいみんぞく》は軍隊《ぐんたい》を繰出《くりだ》すが、それがユフラテ河《かは》の附近《ふきん》に於《おい》て封《ふう》ぜられて終《しま》ひ、東洋《とうやう》に足《あし》を踏《ふ》む事《こと》が出來《でき》ないやうにせられる。今英國《いまえいこく》は日本《にほん》を目《め》指《ざ》して頻《しき》りにシンガポールに軍備《ぐんび》をして居《を》るとの事《こと》であるが、そんな處《ところ》は我等《われら》の眼中《がんちゆう》にない。注意《ちゆうい》すべき所《ところ》はユフラテ河《がは》附近《ふきん》である。其處《そこ》は亞細亞《アジヤ》、亞弗利加《アフリカ》、歐羅巴《ヨーロッパ》三大陸《だいりく》の接《せつ》する處《ところ》の附近《ふきん》で、其處《そこ》に於《おい》て各國軍隊《かくこくぐんたい》が相對峙《あひたいじ》して動《うご》きがつかなくなるといふのである。其爲《そのため》に神《かみ》は此大和民族《このやまとみんぞく》を用《もち》ひて抑《おさ》へつけ給《たま》ふので、然《しか》らば日本《にほん》が如何《いか》にして之《これ》を抑《おさ》へつけるかは解《わか》らぬが、兎《と》に角其爲《かくそのため》に日《ひ》出《いづ》る國《くに》の民族《みんぞく》が用《もち》ひらるゝのである。

果《はた》して然《しか》らば聖書《せいしよ》の光《ひかり》を以《もつ》てすれば、日本《にほん》は世界《せかい》の悶着《もんちやく》から手《て》を引《ひ》くと思《おも》はれる。國際聯盟《こくさいれんめい》からは脱退《だつたい》するに違《ちが》ひない。國際聯盟《こくさいれんめい》は行詰《ゆきづま》る。今現《いまげん》に行詰《ゆきづま》つて居《を》る。日本《にほん》は列國《れつこく》の御機嫌《ごきげん》を取《と》つては居《を》られぬ。亞細亞《アジヤ》は亞細亞人《アジヤじん》のものである。彼等《かれら》は彼等《かれら》でやればよい。日本《にほん》は先《さき》には十三ケ國《こく》を向《む》ふに廻《まは》して戰《たゝか》ひ、今《いま》は五十何ケ國《こく》を向《む》ふに廻《まは》して大《おほい》に戰《たゝか》つて居《を》るが、これ當然《たうぜん》の事《こと》である。彼等《かれら》の言《い》ひなりになつて居《ゐ》たら飛《と》んだ事《こと》になる。彼等《かれら》はキリストの政治《せいぢ》を待《ま》たずに自分等《じぶんたち》の手に由《よ》りて世界《せかい》の平和《へいわ》を維持《ゐぢ》せんなどゝ、大《たい》それた事《こと》を考《かんが》へて居《を》る連中《れんちゆう》で、彼等《かれら》に從《したが》つて居《ゐ》ては神《かみ》の聖旨《みむね》は成遂《なしと》げられぬ。何《なに》を好《この》んで彼等《かれら》と妥協《だけふ》したり英米《えいべい》の鼻息《はないき》を伺《うかゞ》つたりする必要《ひつえう》があらふ。我等《われら》大《やま》和《と》民族《みんぞく》には世界相手《せかいあひて》の特別《とくべつ》の使命《しめい》が與《あた》へられてあるのである。四人《よたり》の天使《てんのつかひ》を向《むか》ふに廻《まは》して、即《すなは》ち四大《だい》民族《みんぞく》を以《もつ》て代表《だいへう》せらるゝ世界《せかい》を向《むか》ふに廻《まは》して戰《たゝか》ふのは我大和《わがやまと》民族《みんぞく》である。かくいふのは威張《ゐば》つていふのではない。聖書《せいしよ》の光《ひかり》に從《したが》つていふのみである。

却說《さて》、此處《こゝ》に注意《ちゆうい》すべきは前記《ぜんき》の聖書《せいしよ》の言《ことば》によれば、四人《よたり》の使者《つかひ》が釋《と》き放《はな》たるるや否《いな》や、世界《せかい》の人間《にんげん》の三分《ぶん》の一は殺《ころ》されるとある(十五節《せつ》)。其《その》三分の一は戰爭《せんさう》によりて殺《ころ》されるのである。「彼等《かれら》は火色紫色硫黄色《ひいろむらさきいろいわういろ》の胸當《むねあて》を着《つ》く」とあるは、近頃《ちかごろ》日本《にほん》でも彼方此方《あちこち》で製作《せいさく》せられるといふ防彈《ばうだん》チョッキの事《こと》ではなからふか。又《また》「其口《そのくち》よりは火《ひ》と煙《けむり》と硫磺《いわう》いづ」とあるは、毒瓦斯《どくガス》の事《こと》であるに相違《さうゐ》なからふ。此毒瓦斯《このどくガス》を以《もつ》て世界《せかい》の人《ひと》の三分《ぶん》の一が斃《たほ》さるるといふのである。尚次章《なほじしやう》に於《おい》て述《の》べんとする北《きた》の王《わう》と南《みなみ》の王《わう》との大戰爭《だいせんさう》に際《さい》し、日本《にほん》は如何《いか》なる態度《たいど》をとるかといふに、暫《しば》らく第《だい》三者《しや》として之《これ》を眺《なが》めて居《ゐ》た後《のち》、軍隊《ぐんたい》を繰出《くりだ》して一路《ろ》大陸《たいりく》を横斷《おうだん》し、ユフラテ河迄進出《かはまでしんしゆつ》する。其處《そこ》で我民族《わがみんぞく》の爲《ため》に彼等《かれら》は動《うご》きが取《と》れなくなるやうに思《おも》はれる。

此大任《このたいにん》を果《はた》すべき我國民《わがこくみん》は自省《じせい》せなければならぬ。上《うへ》にありて政治《せいち》を執《と》つて居《を》る者《もの》より庶民《しよみん》に至《いた》る迄目《までめ》を醒《さま》さねばならぬ。私《わたくし》はエリヤの祈禱《いのり》を思《おも》ひ出《だ》す。彼《かれ》は多人數《たにんずう》に賴《たの》まず、唯一人《たゞひとり》で萬軍《ばんぐん》のヱホバに賴《たの》んで祈《いの》つたのである。我等《われら》も少數《せうすう》ではあるが、神《かみ》が大任《たいにん》を與《あた》へ給《たま》ふた日本國民《にほんこくみん》の爲《ため》に大《おほい》に祈《いの》らねばならぬ。エリヤはかの場合《ばあひ》神《かみ》に祈《いの》るより外方法《ほかはうはふ》はなかつたが、我等《われら》も大《おほい》に祈《いの》るより外《ほか》に道《みち》がない。今《いま》こそは目醒《めざ》めた者《もの》が大《おほい》に祈《いの》らねばならぬ時《とき》である。かの歐洲大戰《おうしうたいせん》の際《さい》、英國《えいこく》のジエリコ提督《ていとく》はいつた。英國民《えいこくみん》は上《かみ》は皇帝《くわうてい》より下《しも》一般人民《ばんじんみん》に至《いた》る迄《まで》、皆悔改《みなくいあらた》めて、謙《へりくだ》つて神《かみ》に祈《いの》るのでなければ、英國《えいこく》を此累卵《このるゐらん》の危《あやふ》きより救《すく》ひ出《だ》す事《こと》が出來《でき》ぬと。ジエリコ提督《ていとく》ならずとも、私《わたくし》も叫《さけ》びたい。今《いま》や國《くに》の内外《ないぐわい》に於《おい》て重大危機《じゆうだいきき》に際會《さいくわい》して居《を》る我國《わがくに》の民《たみ》が眞《しん》に目醒《めさ》めて、其《その》大任《たいにん》を果《はた》すに適《ふさ》はしき者《もの》とならんが爲《ため》に、大《おほい》に警告《けいこく》する。我民族《わがみんぞく》が目醒《めさ》める事《こと》は全世《ぜんせ》界《かい》の平和《へいわ》に關係《くわんけい》ある事《こと》である。更《さら》にイスラエルの恢復《くわいふく》の爲《ため》に盡《つく》し、主《しゆ》イエスの來臨《らいりん》を早《はや》め、平和《へいわ》の千年王國《ねんわうこく》設立《せつりつ》に迄《まで》影響《えいきやう》する事《こと》である。其爲《そのため》に祈《いの》るべきである。啻《たゞ》に一教《けう》會《くわい》、一教派《けうは》、一團體《だんたい》の爲《ため》のみではない。世界《せかい》の平和《へいわ》に關《くわん》する事《こと》、神《かみ》の大經綸《だいけいりん》に關《くわん》する問《もん》題《だい》の爲《ため》に祈《いの》るべきである。小《せう》なる自己《じこ》の問題《もんだい》は速《すみや》かに解決《かいけつ》し、此大《このだい》なる問題《もんだい》の爲《ため》に身《み》を以《もつ》て禱告《たうこく》の使命《しめい》を全《まつた》うし、身《み》を以《もつ》て國難《こくなん》に當《あた》る者《もの》とならねばならぬ。

第十一章　北《きた》の王《わう》と南《みなみ》の王《わう》との戰爭《せんさう》

我等は生やさしき非戰論者に非ず——主の再臨迄戰爭はあるべき也——北の王と南の王との戰——北はスラブとチュートン——露西亞に關する預言——南はアングロサクソンとラテン——アフリカに於ける此族の勢力——ハルマゲドン大戰の端緒か——南の敗北と北の勝利——日本の傍觀——日露不可侵條約——露西亞は南に進まん——北の王の國の內亂と北軍の狼狽歸還——東の諸王とユフラテへ通ずる路——支那に關する預言——日本を盟主とする亞細亞聯合軍と其使命——武の意義と日本軍備の用ひらるゝ時——世界最後の大戰と未曾有の大患難——審判の爲に用ひらるゝ國民——來らんとする怒の日

『終《をはり》の時《とき》にいたりて南《みなみ》の王《わう》彼《かれ》と戰《たゝか》はん、北《きた》の王《わう》は車《くるま》と馬《うま》と衆多《おほく》の船《ふね》をもて大風《おほかぜ》のごとく之《これ》に攻寄《せめよ》せ、國《くに》に打《うち》いりて潮《うしほ》のごとく溢《あふ》れ涉《わた》らん、彼《かれ》はまた美《うるは》しき國《くに》に進《すゝ》み入《いら》ん、彼《かれ》のために亡《ほろ》ぶる者多《ものおほ》かるべし、然《され》どエドム、モアブ、アンモニ人《びと》の中《うち》の第《だい》一なる者《もの》などは彼《かれ》の手《て》を免《まぬ》かれん、彼國々《かれくにぐ》にその手《て》を伸《のば》さん、エヂプトの地《ち》も免《まぬ》かれがたし、彼《かれ》は遂《つひ》にエヂプトの金銀財《きんぎんざい》寶《はう》を手《て》に入《い》れん、リブエ人《びと》とエテオピヤ人《びと》は彼《かれ》の後《うしろ》に從《したが》はん、彼東《かれひがし》と北《きた》より報知《しらせ》を得《え》て周章《あはて》ふためき許多《あまた》の人《ひと》を滅《ほろ》ぼし絶《たゝ》んと大《おほい》に忿《いか》りて出《いで》ゆかん、彼《かれ》は海《うみ》の間《あひだ》において美《うるは》しき聖山《せいさん》に天《てん》幕《まく》の宮《みや》殿をしつらはん、然《され》ど彼《かれ》つひにその終《をはり》にいたらん之《これ》を助《たす》くる者《もの》なかるべし』(但以理書《ダニエルしよ》十一章《しやう》四十節《せつ》より四十五節《せつ》)

先《ま》づ初《はじめ》に申上《まうしあ》げて置《お》くが、我等《われら》聖潔《きよめ》を信《しん》ずる基督者《キリストしや》は無論非戰主義《むろんひせんしゆぎ》である。然《しか》し今《いま》の世《よ》に於《おい》て之《これ》を實行《じつかう》しようとは思《おも》はぬ。平和《へいわ》の君《きみ》キリストが來《きた》り給《たま》ふ迄《まで》は之《これ》をお預《あづ》けして置《お》く。戰爭《せんさう》は誰《たれ》しも厭《いや》なものではあるが、聖書《せいしよ》には「之等《これら》の事《こと》は皆《みな》あるべきなり」とあり、主來《しゆきた》り給《たま》ふ迄《まで》は戰爭《せんさう》は必《かなら》ずあると預言《よげん》してある。非戰論《ひせんろん》などいふと一寸立派《ちよつとりつぱ》に聞《き》こえるが、我等《われら》は生《なま》やさしい平和論者《へいわろんじや》ではない。今《いま》は基督教會《キリストけうくわい》に怪《あや》しげな平和論《へいわろん》を唱《とな》ふる者《もの》があるから、此事《このこと》を判然《はんぜん》といつて置《お》く。主《しゆ》イエスが再臨《さいりん》し給《たま》ふて平和《へいわ》の王《わう》國《こく》が建設《けんせつ》せらるゝ時《とき》にこそ、「劍《つるぎ》をうちかへて鋤《すき》となし、鎗《やり》をうちかへて鎌《かま》となす」との預言《よげん》が文字《もじ》通《どほ》りに成就《じやうじゆ》するが、其迄《それまで》は戰爭《せんさう》は何處《どこ》にもあると心《こゝろ》得《え》置《お》くべきである。曾《かつ》て或人《あるひと》に 私《わたくし》はいつた。非戰論可《ひせんろんか》なり、然《しか》し君《きみ》が非戰論《ひせんろん》を唱《とな》ふるならば、宜《よろ》しく先《ま》づ日本《にほん》の國籍《こくせき》を脱《だつ》してからいふべきであると。さればとて 私《わたくし》は決《けつ》して戰爭《せんさう》を禮賛《らいさん》する者《もの》ではない。唯《たゞ》、今《いま》の世《よ》に於《おい》ては止《や》むを得《え》ざる事《こと》であるといふのみである。世《よ》には口《くち》には非戰論《ひせんろん》を唱《とな》へながら、心《こゝろ》にては人《ひと》を憎《にく》む者《もの》もあるが、人《ひと》を憎《にく》む者《もの》は人《ひと》を殺《ころ》す者《もの》であると聖書《せいしよ》にある。

扨《さ》て今南《いまみなみ》の王《わう》と北《きた》の王《わう》との戰爭《せんさう》を初《はじ》め聖書《せいしよ》に就《つい》て見《み》たいが、前《まへ》にも記《しる》した如《ごと》く、一體預言《たいよげん》は幾度《いくたび》にも繰返《くりかへ》されて成就《じやうじゆ》し、而《しか》して最後《さいご》の成就《じやうじゆ》となるのである。東《ひがし》より來《きた》る救拯者《すくひて》に就《つい》ても然《さ》うであるが、此北《このきた》の王《わう》と南《みなみ》の王《わう》に就《つい》ても亦《また》、既《すで》にダニエルの時代《じだい》に其型《そのかた》を見《み》る事《こと》が出來《でき》た。即《すなは》ち當時《たうじ》アッスリヤの王《わう》と埃及《エヂプト》の王《わう》とが屢々《しば〳〵》戰爭《せんさう》をした事《こと》である。然《しか》し此預言《このよげん》は其《それ》だけにて終《をは》つたのではなく、尚今後《なほこんど》に於《おい》て最後《さいご》の成就《じやうじゆ》を見《み》る預言《よげん》である。即《すなは》ち患難《なやみ》の時代《じだい》に教會《けうくわい》が 携《たづさへ》擧《あ》げられし後《のち》、北《きた》の王《わう》と南《みなみ》の王《わう》とが別《わか》れて、世界最後《せかいさいご》の戰爭《せんさう》を始《はじ》めるのである。北《きた》の王《わう》、南《みなみ》の王《わう》とは一個《こ》の軍勢《ぐんぜい》を指《さ》したものでなく、又《また》一個人《こじん》を意味《いみ》するものでもない。世界《せかい》は此北《このきた》と南《みなみ》に分《わか》れて大戰爭《だいせんさう》するやうになるのである。北《きた》の王《わう》とは如何《いか》なる軍勢《ぐんぜい》なりや、又南《またみなみ》の王《わう》とは如何《いか》なる軍勢《ぐんぜい》なりやは多《おほく》の聖書學者《せいしよがくしや》によりて種々《いろいろ》論議《ろんぎ》せられて居《を》る處《ところ》であるが、私《わたくし》の見《み》る所《ところ》によれば、北《きた》の王《わう》とはロシヤ、ドイツ並《なら》びに其附近《そのふきん》の小國《せうこく》の結托《けつたく》した軍勢《ぐんぜい》で、即《すなは》ちスラブ、チユートンの聯合軍《れんがふぐん》であるやうに思《おも》はれる。聖書《せいしよ》にはゴグ、マゴグ、メセク、トバルといふ言《ことば》を記《しる》して、之等《これら》の北《きた》の方《はう》より來《きた》る軍勢《ぐんぜい》に就《つい》ていつてあるが、ゴグとマゴグは露西亞《ロシユ》と土耳古《トルコ》との間《あひだ》のコーカサス、メセクはモスコー、トバルはトボルスクで、かく舊約《きうやく》に於《おい》て、露西亞《ロシヤ》が未《いま》だ形《かたち》を成《な》さぬ時《とき》より地名《ちめい》を以《もつ》て呼《よ》ばれ、頓《やが》て全世界《ぜんせかい》の民《たみ》を亂《みだ》す民《たみ》であるといはれて居《を》る。

次《つぎ》に南《みなみ》の王《わう》とはアングロサクソンとラテンとの聯合軍《れんがふぐん》である。亞弗利加《アフリカ》に於《おい》て先《さき》にはチユートン人種《じんしゆ》の獨逸《ドイツ》が領地《りやうち》をもつて居《ゐ》たが、去《さ》る歐洲大戰後《おうしうたいせんご》チユートン人種《じんしゆ》やスラブ人種《じんしゆ》の勢力《せいりよく》は失墜《しつつゐ》し、獨逸《ドイツ》は追出《おひだ》されて英國《えいこく》が其領地《そのりやうち》を取《と》つて終《しま》ひ、今《いま》ではアングロサクソンとラテン人種《じんしゆ》が亞弗利加《アフリカ》の中心勢力《ちゆうしんせいりよく》となつて居《を》る。卽《すなは》ちアングロサクソンの英國《えいこく》は其大部分《そのだいぶぶん》を占《し》めて居《を》り、次《つぎ》にラテンのポルトガルである。尙《なほ》コンゴーは白耳義《ベルギー》に屬《ぞく》して居《を》り、マダカスカルはフランスに、ソマリランド其他北方《そのたほくはう》アフリカは一部《ぶ》はフランスに、一部《ぶ》はイタリーに、サハラ地方《ちはう》はフランスといふ風《ふう》で、ラテン人種《じんしゆ》の領地《りやうち》になり、南《みなみ》アフリカはラテン人《じん》とアングロサクソンの領地《りやうち》となつて居《を》る。卽《すなは》ちアフリカはアングロサクソンとラテン人種《じんしゆ》の勢力範圍《せいりよくはんゐ》になつて居《を》るが、是《これ》が南《みなみ》の王《わう》である。これが進《すゝ》んで行《ゆ》くとあるが、今《いま》や亞弗利加大陸縱斷鐵道《アフリカたいりくじゆうだんてつだう》がパレスチナに向《むか》つて全通《ぜんつう》せんとして居《を》るのである。

一方《ぱう》ロシヤを中心《ちゆうしん》とするスラブとチユートン人《じん》の聯合《れんがふ》は驚《おどろ》くべき速度《そくど》を以《もつ》て具體化《ぐたいくわ》しつゝある事《こと》は、車田氏譯《くるまだしやく》の「ロシヤ熊《くま》とユダの獅子《しゝ》」を參照《さんせう》せられたい。北《きた》の王《わう》とはスラブの露西亞《ロシヤ》とチユートン族《ぞく》との聯合軍《れんがふぐん》である。此北《このきた》の王《わう》と南《みなみ》の王《わう》の衝突《しやうとつ》の機運《きうん》が愈々熱《いよ〳〵ねつ》した時《とき》、遂《つひ》にユフラテ附近《ふきん》を中心《ちゆうしん》としての世界的大戰爭《せかいてきだいせんさう》が突發《とつぱつ》する事《こと》は聖書《せいしよ》の預言《よげん》する處《ところ》である。此戰爭《このせんさう》が前記《ぜんき》ハルマゲドンの大戰爭《だいせんさう》と如何《いか》なる關係《くわんけい》があるかは今詳《いまくは》しくいふ事《こと》が出來《でき》ぬが、此南北兩王《このなんぼくりやうわう》の戰爭《せんさう》がハルマゲドン大戰《たいせん》の序幕《じよまく》となるのではないかと思《おも》はれる。兎《と》に角彼等《かくかれら》は大《おほい》に戰《たゝか》ふが、感謝《かんしや》すべき事《こと》には其時《そのとき》日本《にはん》は傍觀的《ばうくわんてき》態度《たいど》を取《と》るのである。兩軍《りやうぐん》は非常《ひじやう》なる激戰《げきせん》を交《まじ》へるが、最近《さいきん》日本《にはん》が通商條約《つうしやうでうやく》を結《むす》んだアビシニヤを含《ふく》むエテオピアが一時《じ》北《きた》の王《わう》に加擔《かたん》するやうになり、南《みなみ》の王《わう》が遂《つひ》に敗北《はいぼく》し、北《きた》の王《わう》は勢《いきほひ》に乘《じやう》じて埃及《エヂプト》に迄侵入《までしんにふ》し、埃及《エヂプト》の金銀財寶《きんぎんざいはう》を掠《かす》め奪《うば》ふに至《いた》る。此戰《このたゝかひ》に日本《にはん》は何《いづ》れの方《はう》にも加擔《かたん》せず、傍觀《ばうくわん》して居《を》るが、神《かみ》は此北《このきた》の王《わう》と南《みなみ》の王《わう》とを抑制《よくせい》する爲《ため》に日《ひ》出《いづ》る國《くに》を備《そな》へ給《たま》ふのである。

此處《こゝ》で申上《まうしあ》げて置《お》きたい事《こと》は、近頃《ちかごろ》ロシヤと日本《にはん》と不可侵條約《ふかしんでうやく》を結《むす》ばんとして居《を》る事《こと》である。是《これ》は何《なん》の爲《ため》の條約《でうやく》かといふに、ロシヤは滿洲《まんしう》に、日本《にはん》はシベリヤに手《て》を伸《のば》す事《こと》を牽制《けんせい》する爲《ため》のものであるが、多分是《たぶんこれ》は結《むす》ぶやうになるかと思《おも》はれる。一體《たい》ロシヤが日《ひ》に逆《さから》つて戰《たゝか》ふ事《こと》は不自然《ふしぜん》の事《こと》で、聖書《せいしよ》の光《ひかり》よりいへば、露西亜《ロシヤ》は南《みなみ》の方《はう》に向《むか》つて行《い》つて、東《ひがし》の方《はう》に向《むか》つて來《こ》ない。東《ひがし》に向《むか》つて戰《たゝかひ》を挑《いど》む事《こと》は不自然《ふしぜん》の事《こと》である。先《さき》に獨逸《ドイツ》のカイザルに尻押《しりお》しされて、お人《ひと》よしの露國皇帝《ろこくくわうてい》は日本《にはん》に戈《はこ》を向《む》けて大敗《たいはい》をなし、剰《あまつ》さへ自分《じぶん》も悲慘《ひさん》なる最後《さいご》を遂《と》ぐるやうになつた。日《ひ》に逆《さから》ふて勝《か》てやう筈《はず》がない。日本《にはん》の軍人等《ぐんじんら》は如何《いか》に考《かんが》へて居《を》るか知《し》らぬが、神《かみ》は赤露《せきろ》が東《ひがし》に向《むか》つて發展《はつてん》する事《こと》を許《ゆる》し給《たま》はぬ。ロシヤは日本《にはん》のやうな國體《こくたい》には赤《あか》を打込《うちこ》む事《こと》が出來《でき》ぬといつて居《を》るといふ。桃色位《もゝいろぐらゐ》にはなれても赤《あか》にはなりきらぬ事《こと》を彼《かれ》も見《み》て取《と》つたのである。ロシヤ熊《ぐま》などの爪《つめ》にかゝつてたまるものでない。私《わたくし》は政治家《せいぢか》でないから私《わたくし》のいふべき事《こと》ではないが、もし誰《たれ》かが日露《にちろ》不可《ふか》侵條約《しんでうやく》結構《けつこう》とばかりに、ロシヤを南《みなみ》に向《む》けさせて嗾《けしか》けて呉《く》れゝば、ロシヤの赤《あか》がアフガニスタンから印度《インド》の方《はう》に廻《まは》るに違《ちが》ひない。さすれば慌《あわ》てるのは英國《えいこく》、喜《よろこ》ぶものは印度《インド》のガンヂー其他《そのた》の連中《れんちゆう》である。余談《よだん》はさて措《お》き、兎《と》に角《かく》ロシヤは南《みなみ》の方《はう》に向《むか》つて行《ゆ》くのである。

此南《このみなみ》の王《わう》と北《きた》の王《わう》との大會戰《だいくわいせん》に當《あた》つてキャステング・ヴォートを握《にぎ》つて居《を》る者《もの》は日《に》本《ほん》である。但以理書《ダニエルしよ》十一章《しやう》四十四節《せつ》に「彼東《かれひがし》と北《きた》より報知《しらせ》を得《え》て周章《あはて》ふためき、許多《おほく》の人《ひと》を滅《ほろ》ぼし絶《た》たんと大《おほい》に忿《いか》りて出《いで》ゆかん」とある。是《これ》は北《きた》の王《わう》に關《くわん》する預言《よげん》で、此《この》句《く》の解釋《かいしやく》は人《ひと》によつて違《ちが》ふが、北《きた》よりの報知《しらせ》とは留守中《るすちゆう》ロシヤに内亂《ないらん》が起《おこ》る事《こと》であらふ。或《あるひ》は帝政黨《ていせいたう》が再起《さいき》するのか否《いな》かは知《し》らぬが、いづれにしても内亂《ないらん》の報《しらせ》を得《え》て周章《しうしやう》狼狽《らうばい》する。其時又東《そのときまたひがし》よりも報知《しらせ》を受《う》ける。此東《このひがし》は屢《しば〳〵》いつた「ミヅラホ」で、日出《ひいづ》る國《くに》をいふ。日本《にほん》とは不戰條約《ふせんでうやく》を結《むす》んで居《ゐ》たのにと、狼狽《らうばい》して歸《かへ》るのである。其爲《そのため》にホツト息《いき》ついて喜《よろこ》ぶのは英佛其他《えいふつそのた》の南《みなみ》の王《わう》の軍《ぐん》である。然《しか》し南《みなみ》の王《わう》の軍隊《ぐんたい》は北《きた》の王《わう》の軍《ぐん》隊《たい》の爲《ため》に蹂躙《じうりん》せられて再起《さいき》するを得《え》ぬやうになり、此時全世界《このときぜんせかい》を惑《まど》はす僞《にせ》キリストは起《た》つて北《きた》の王《わう》に加擔《かたん》し、之《これ》を用《もち》ひて世界《せかい》の平和《へいわ》を攪亂《かくらん》する。其時起上《そのときたちあが》るものは日出《ひいづ》る國《くに》である。

さて然《しか》らば其日出《そのひいづ》る國《くに》の者《もの》は如何《いか》になるかといふに、

『第《だい》六の使者《つかひ》この金椀《かなまり》を大河《おほかは》ユフラテに傾《かたむ》けければ其水《そのみづ》涸盡《かれつ》きたり、是東《これひがし》の諸王《しよわう》の路《みち》を備《そな》へんが爲《ため》なり』(默示錄《もくしろく》十六〇十二)

此東《このひがし》とは他《た》の處《ところ》と同樣日出《どうやうひいづ》る國《くに》の事《こと》である。ユフラテ河《かは》の水《みづ》が涸《か》れるとは、一體《たい》ユフラテ河《かは》は水《みづ》の深《ふか》さ三十尺《しやく》もある河《かは》で、是《これ》は鐵道《てつだう》が敷設《ふせつ》せられて自由《じいう》に交通《かうつう》の出來《でき》るやうになる事《こと》ではあるまいか。何《なん》の爲《ため》かといへば、日出《ひいづ》る國《くに》の諸王《しよわう》が自由《じいう》に行《ゆ》く事《こと》が出來《でき》る爲《ため》である。然《しか》らば東《ひがし》の諸王《しよわう》と複數《ふくすう》になつて居《を》るのは何《なに》をいふか。一體今東洋《たいいまとうやう》に於《おい》て國家《こくか》の體面《たいめん》を維持《ゐぢ》して居《を》る、國家《こくか》らしい國家《こくか》は日本《にほん》のみである。滿洲國《まんしうこく》は未《いま》だ生《うま》れたばかりであるし、シヤムは怪《あや》しいものである。東《ひがし》の諸王《しよわう》とはマサカ日本《にほん》と滿洲《まんしう》の聯合軍《れんがふぐん》とも思《おも》はれぬ。然《しか》らば支那《しな》は如何《いかん》といふに、先《ま》づ支那《しな》に關《くわん》する預言《よげん》を見《み》るに、主再臨《しゆさいりん》し給《たま》ふ時《とき》、支那《しな》よりもキリストの處《ところ》に來《く》る者《もの》があると記《しる》してある。

『視《み》よ、人々《ひとびと》あるひは遠《とは》きよりあるひは北《きた》また西《にし》よりきたらん、或《あるひ》はまたシニムの地《ち》よりきたるべし』(以賽亞書《イザヤしよ》四十九章《しやう》十二節《せつ》)

とある、此《この》シニムとは支那《しな》の事《こと》である。但《たゞ》し此預言《このよげん》は千年王國《ねんわうこく》の事《こと》である。此處《こゝ》に又《また》別《べつ》に面白《おもしろ》い預言《よげん》がある。私《わたくし》は之《これ》を引《ひ》く事《こと》を躊躇《ちうちよ》するが、左《さ》の預言《よげん》である。

「エホバ宣《の》給《たま》はくみづからを潔《きよ》くし、みづからを別《わか》ちて園《その》にゆき、その中《なか》にある木《き》の像《ざう》にしたがひ豕《ゐのこ》の肉《しゝ》けがれたる物《もの》および鼠《ねずみ》をくらふ者《もの》はみな共《とも》にたえうせん」（以《イ》賽亞書《ザヤしよ》六十六章《しやう》十七節《せつ》）

卽《すなは》ち豚《ぶた》と鼠《ねずみ》を食《く》ふ民《たみ》は滅《ほろ》びるといふのである。是《これ》は非常《ひじやう》に暗示《あんじ》に富《と》んだ聖言《みことば》である。私《わたくし》は是《これ》を以《もつ》て直樣《すぐさま》支那《しな》に關《くわん》する預言《よげん》であるとはいはぬが、然《しか》し私《わたくし》はかの國《くに》は幾《いく》つかに分《わか》れる國《くに》ではないかと思《おも》ふ。又其方《またそのはう》がかの國《くに》の民《たみ》に取《と》つて却《かへつ》て幸福《かうふく》なる事《こと》である。

私《わたくし》は二十年前《ねんまへ》「支那《しな》三分論《ぶんろん》」なるものを書《か》いた事《こと》があるが、帝政復古《ていせいふくこ》になるか、共《けう》和政《わせい》で進《すゝ》むかは知《し》らぬが、多分幾《たぶんいく》つかに分裂《ぶんれつ》して完全《くわんぜん》なる獨立國《どくりつこく》が出來《でき》るかと思《おも》はれる。私《わたくし》は敢《あえ》て亞細亞《アジヤ》モンロー主義《しゆぎ》を唱《とな》へる譯《わけ》ではないが、將來黃色人種聯盟《しやうらいくわうしよくじんしゆれんめい》が出來《でき》、それが日出《ひいづ》る國《くに》の司導《しどう》の下《もと》に行動《かうどう》を取《と》るやうになると思《おも》はれる。それが「東《ひがし》の諸王《しよわう》」

で、やがて北《きた》の王《わう》と南《みなみ》の王《わう》とがパレスチナ、バグダッド附近《ふきん》に於《おい》て戰《たゝか》ふ時《とき》、之《これ》を抑《おさ》えつける爲《ため》に、此亞細亞《このアジヤ》聯合軍《れんがふぐん》が東方《とうはう》より起《おこ》つて其處迄《そこまで》一氣《き》に押寄《おしよ》せて行《ゆ》くやうになるのだと思《おも》はれる。是《これ》は聖書《せいしよ》の光《ひかり》で、之《これ》を思《おも》ふ時《とき》に實《じつ》に一種嚴《しゆおごそ》かな感《かん》に打《う》たれる。

而《しか》して其結果《そのけつくわ》は如何《いかん》。人々《ひとぐ》は戰爭《せんさう》の爲《ため》に多《おほ》く斃《たは》され、もし其日《そのひ》を少《すくな》くせられずば遂《つひ》には世界《せかい》に人種子《ひとだね》が盡《つ》きて終《しま》ふのであるが、東《ひがし》の諸軍《しよぐん》の出動《しゆつどう》によりて彼等《かれら》は牽制《けんせい》せられ、人々《ひとぐ》の滅亡《ほろび》が減少《げんせう》せられるのである。此事《このこと》の爲《ため》に日《ひ》出《いづ》る國《くに》の民族《みんぞく》が用《もち》ひられるとは驚《おどろ》くべき事《こと》ではないか。神《かみ》は憐憫《あはれみ》の故《ゆゑ》に此患難《このくわんなん》の時代《じだい》の戰爭《せんさう》を短縮《たんしゆく》し給《たま》ふが、是又《これまた》イスラエルの救《すくひ》の爲《ため》である。

武《ぶ》といふ文字《もんじ》は戈《ほこ》を止《と》めると書《か》く。漢學者《かんがくしや》の講釋《かうしやく》のやうな事《こと》をいふが、武《ぶ》の目的《もくてき》は是《これ》である。人《ひと》を殺《ころ》すのが武《ぶ》の目的《もくてき》ではない。今《いま》や各國《かくこく》は皆戰備《みなせんび》に汲々《きふく》として居《を》る。我《わが》日本《にほん》も何億萬圓《なんおくまんゑん》の軍事費《ぐんじひ》を計上《けいじやう》し、米國《べいこく》だの支那《しな》だの露西亞《ロシヤ》だのと假想敵國《かさうてきこく》を設《まう》けて戰備《せんび》の充實《ぢゆうじつ》を期《き》して居《を》るが、目《め》の開《ひら》かれた者《もの》には其等《それら》の國《くに》でなく、頓《やが》て來《きた》るべき全世《ぜんせ》界《かい》の大戰爭《だいせんさう》に無意識《むいしき》に備《そな》へて居《を》るのだと解《わか》る。滿洲《まんしう》の土匪《どひ》を追拂《おひはら》ふ位《ぐらゐ》の事《こと》でなく、ハルマゲドンの戰《たゝかひ》といふ全世界《ぜんせかい》の動亂《どうらん》を止《や》めしむる爲《ため》に、日本《にほん》の軍備《ぐんび》が用《もち》ひらるるやうになるのである。

『我《われ》また龍《たつ》の口《くち》と獸《けもの》の口《くち》及《およ》び僞《いつはり》の預言者《よげんしや》の口《くち》より蛙《かはづ》に似《にた》る三の汚《けがれ》たる靈《れい》の出《いづ》るを見《み》たり、此《こ》は惡魔《あくま》の靈《れい》なり、異《ふしぎ》なる跡《わざ》を行《おこな》ひて全地《ぜんち》の諸王《しよわう》に就《いた》り彼等《かれら》をして全能《ぜんのう》の神《かみ》の大《おほい》なる日《ひ》の戰《たゝかひ》に集《あつま》らしむ、視《み》よ我盜賊《われぬすびと》の如《ごと》して來《きた》らん、裸裎《はだか》にて行《ある》き羞處《はづるところ》を見《みら》るゝこと無《なか》らん爲《ため》に目《め》を醒《さま》し衣《ころも》を着《つけ》をる者《もの》は福《さいはひ》なり、かの三の靈《れい》諸王《しよわう》たちをヘブルの音《おん》にてハルマゲドンとよぶ所《ところ》に集《あつ》めたり』(默示錄《もくしろく》十六章《しやう》十三―十六節《せつ》)

此《かく》の如《ごと》き有樣《ありさま》で全地《ぜんち》の諸王等《しよわうたち》はハルマゲドンに集合《しふがふ》し、恐《おそ》るべき大戰爭《だいせんさう》が此處《こゝ》に始《はじ》まるが、其處《そこ》へ日出《ひいづ》る國《くに》より諸王等《しよわうたち》の聯合軍《れんがふぐん》が進軍《しんぐん》し來《きた》つて、戰《たゝかひ》を止《や》めしめるのである。然《しか》し其處《そこ》に至《いた》る迄《まで》に實《じつ》に恐《おそ》るべき修羅《しゆら》の巷《ちまた》を演《えん》ずる。然《しか》し患難《なやみ》の時代《じだい》は啻《たゞ》に戰爭《せんさう》のみならず、戰爭《せんさう》に續《つゞ》いて起《おこ》る饑饉《ききん》、疫病《えきびやう》、暴《あら》き獸《けもの》などによりて世界《せかい》の人《ひと》の三分《ぶん》の一が斃《たは》されるとある。是《これ》は開闢《かいびやく》以來《いらい》未曾有《みぞう》の大患難《だいくわんなん》の時代《じだい》で、恐《おそ》るべき極《きは》みである。其《その》患難《なやみ》の時《とき》に起《た》ち上《あが》つて用《もち》ひらるゝのが大和民族《やまとみんぞく》である。其時日出《そのときひいづ》る國《くに》の聯合軍《れんがふぐん》が勝利《しようり》を得《う》るのではあるが、實《じつ》に悲慘《ひさん》な事《こと》が行《おこな》はるゝのである。

其時東《そのときひがし》より鷲卽《わしすなは》ち飛行機《ひかうき》が來《き》て救《すく》ふ事《こと》に就《つい》ては、前《さき》にも述《の》べたが、默示錄《もくしろく》にも記《しる》してある。

『我《われ》また一人《ひとり》の天使《てんのつかひ》の日《ひ》の中《なか》に立《たて》るを見《み》たり、彼空中《かれくうちゆう》に飛鳥に大《おほい》なる聲《こゑ》にて呼曰《よびいひ》けるは、爾曹神《なんぢらかみ》の大《おほい》なる筵《むしろ》に集《あつま》り來《きた》り、諸王《しよわう》の肉《にく》、將軍《しやうぐん》の肉《にく》、勇士《ゆうし》の肉《にく》、馬《うま》と之《これ》に乘《の》る者《もの》の肉《にく》、および自主奴隷《じしゆどれい》大《だい》と小《せう》との別《べつ》なく凡《すべて》の人《ひと》の肉《にく》を食《くら》へ』（默示錄《もくしろく》十九章《しやう》十七、十八節《せつ》）

此空中《このくうちゆう》の飛鳥《とぶとり》とは複數《ふくすう》で記《しる》されてあるが、天使《てんのつかひ》が是《これ》に命《めい》じて義《たゞ》しき審判《さばき》を行《おこな》へと號令《がうれい》して居《を》る。此飛鳥《このとぶとり》とは飛行機《ひかうき》の事《こと》で、神《かみ》が强力《きやうりよく》の飛行機《ひかうき》を用《もち》ひて恐《おそ》るべき審判《さばき》を執行《しつかう》なさしめ給《たま》ふ事《こと》は、前《さき》に以賽亞書《イザヤしよ》にある「鷲《わし》」に就《つい》て述《の》べた如《ごと》くである。此審《このさば》判《き》の為《ため》に用《もち》ひらるゝのが日《ひ》出《いづ》る國《くに》の民《たみ》である。

今《いま》は信《しん》ずる者《もの》は誰《たれ》にても救《すく》はれ、又潔《またきよ》められるが、頓《やが》て神《かみ》の審判《さばき》が始《はじ》まる。さればバプテスマのヨハネも「誰《た》が汝等《なんぢら》に來《きた》らんとする怒《いかり》より避《さ》くべき事《こと》を告《つ》げしや」と警《けい》告《こく》した。今《いま》は救《すくひ》の日《ひ》、恵《めぐみ》の時《とき》であるが、頓《やが》て來《きた》らんとする怒《いかり》の日《ひ》。全世界《ぜんせかい》に臨《のぞ》む大患《だいくわん》難《なん》の日《ひ》がある事《こと》を記憶《きおく》せられよ。今《いま》は何人《なんぴと》にても悔改《くいあらた》めて主《しゆ》イエスを信《しん》ずれば救《すく》はれるが、其時《そのとき》には主《しゆ》の名《な》を呼《よ》んでも救《すく》はるゝ事《こと》なく、泣《な》いても喚《わめ》いても追付《おひつ》かず、罪《つみ》をもてる者《もの》は片端《かたばし》より罰《ばつ》せられるのである。されば我等《われら》は今我國民《いまわがこくみん》に對《たい》して聲《こゑ》を擧《あ》げて警告《けいこく》すべきである。其審判《そのさばき》の時《とき》の恐《おそ》るべき有様《ありさま》は聖書《せいしよ》に明記《めいき》してある。救《すく》はれ潔《きよ》められし者《もの》は空中《くうちゆう》に携擧《けいきよ》せられて主《しゆ》に遇《あ》ふ事《こと》が出來《でき》るから、嬉《うれ》しい事《こと》であるが、罪《つみ》を犯《をか》し偶像《ぐうざう》を拜《はい》して居《を》る者《もの》の恐《おそ》るべき審判《さばき》の有様《ありさま》を見《み》よ。

『地《ち》の諸王《しよわう》また貴人富者將軍勇士《きじんとめるものしやうぐんゆうし》すべての奴隷《どれい》すべての自主《じしゆ》こと〳〵く洞《ほら》に匿《かく》れ山《やま》の巖《いは》の中《なか》に匿《かく》れ、山《やま》と巖《いは》とに曰《いひ》けるは、願《ねが》はくは我儕《われら》の上《うへ》に墜《おち》われらを掩《おほ》ふて寶《くら》座《ゐ》に坐《ざ》する者《もの》の面《かほ》と羔《こひつじ》の怒《いかり》を避《さけ》しめよ、この羔《こひつじ》の怒《いかり》の大《おほい》なる日《ひ》すでに至《いた》れるなり、誰《たれ》か之《これ》に抵《あた》る事《こと》を得《え》んや』（默示錄《もくしろく》六章《しやう》十五―十七節《せつ》）

我等《われら》は此世《このよ》の權門富豪《けんもんふがふ》を羨《うら》やむ必要《ひつえう》がない。神《かみ》を信《しん》ぜざる貴人《きじん》、富者《とめるもの》、將軍《しやうぐん》、勇士《ゆうし》等《たち》は皆《みな》神《かみ》の怒《いかり》を避《さ》けんとて、右往左往《うわうさわう》にさ迷《まよ》ひ、彼方《あつち》の洞《ほら》や此方《こつち》の巖《いは》に隱《かく》れて泣叫《なきさけ》ぶ時《とき》が來《く》るのである。されば審判《さばき》を神《かみ》の手《て》に委《ゆだ》ねよ。己《おの》が手《て》を以《も》て審判《さば》かんと思《おも》ふな。主《しゆ》が公平《こうへい》に審判《さば》き給《たま》ふ。此《これ》は遠《とほ》からず起《おこ》る事《こと》なれば、主《しゆ》の來《きた》る迄《まで》審判《さばき》する勿《なか》れ。いかなる虐待迫害《ぎやくたいはくがい》に遭《あ》ふとも「聖徒《せいと》の忍耐《にんたい》は此處《こゝ》にあり」。靜《しづ》かに主《しゆ》の來《きた》るを待《ま》ち、惡魔《あくま》に對《たい》して全《まつた》き勝利《しようり》を得《え》て戴《いたゞ》く爲《ため》に、主《しゆ》イエスよ來《きた》り給《たま》へと、愈々《いよ〳〵》熱烈《ねつれつ》に祈《いの》らねばならぬ。今《いま》や時近《ときちか》し、主來《しゆきた》り給《たま》ふ時《とき》、主《しゆ》を待望《まちのぞ》める者《もの》に惠《めぐみ》を與《あた》へ、主《しゆ》に逆《さから》ふ者《もの》を審判《さば》き、惡魔《あくま》を全《まつた》く征服《せいふく》し給《たま》ふのである。

第十二章　祭壇《さいだん》より出《い》づる聲《こゑ》

祭壇と香壇――憚らず至聖所に入る特權――馨ばしき香は祈禱の型――祭壇下の殉教者の叫――もの凄い代禱――主の要求し給ふ祈禱――香壇に尙香を盛らざる可らず――エリヤの祈禱――民に逆つて訴へる禱告――神の靈永く人と爭はじ――何時迄此世は亂れ居るや――祈禱に答へての審判の執行

『第《だい》六の天《てん》の使鈲《つかひらつぱ》を吹《ふき》し時《とき》われ神《かみ》の前《まへ》なる金《きん》の祭壇《さいだん》の四角《すみ》より出《いづ》る聲《こゑ》ありてこの鈲《らつぱ》を持《もて》る第《だい》六の天《てん》の使《つかひ》に語《かたる》をきく、曰《いは》くかの繫《つなが》れて大河《おほかわ》ユフラテの邊《ほとり》にある四人《よたり》の使者《つかひ》を釋《ゆる》せ、乃《すなは》ち四人《よたり》の使者《つかひ》釋《ゆるさ》れたり、年月日時《ねんげつじつじ》に至《いた》りて人《ひと》の三分《ぶん》の一を殺《ころ》さん爲《ため》に之《これ》を備《そなへ》しもの也《なり》、騎兵《きへい》の數《すう》に萬々《まんく》あり、我《われ》その數《かず》を聞《きけ》り、われ異象《まぼろし》に此馬《このうま》と之《これ》に乘《の》る者《もの》を見《み》しが其形狀《そのありさま》かくの如《ごと》し、彼等《かれら》は火色《ひいろ》紫色《むらさきいろ》硫黄色《いわういろ》の胸當《むねあて》を着《つく》、馬《うま》の首《かしら》は獅子《しゝ》の首《かしら》の如《ごと》く其口《そのくち》よりは火《ひ》と烟《けむり》と硫礦《いわう》いづ、此《この》馬《うま》の口《くち》より出《いづ》る火《ひ》と煙《けむり》と硫黄《いわう》と三つのもの丶爲《ため》に人《ひと》の三分《ぶん》の一殺《ころさ》れたり、この馬《うま》の力量《ちから》は口《くち》と尾《を》にあり、其尾《そのを》は蛇《へび》の如《ごとく》にして首《かしら》あり、之《これ》を以《も》て人《ひと》を傷《そこな》ふ也《なり》、この禍《わざはひ》にて殺《ころさ》れざる餘《のこり》の人《ひと》々は尚《なほ》その手《て》なす所《ところ》を悔改《くいあらた》めず、悪鬼《あくき》を拜《はい》し見《みる》こと聞《きく》こと行《あるく》ことを得《え》ざる金銀《きんぎん》銅《あかゞね》石木《いしき》の偶像《ぐうざう》を拜《はい》し、又《また》その兇殺《きやうさつ》魔術《まじゆつ》姦淫《かんいん》盗竊《たうせつ》を悔改《くいあらた》めず』（默示錄《もくしろく》九章《しやう》十三―廿一節《せつ》）

最後《さいご》にいひたいのは「祭壇《さいだん》より出《いづ》る聲《こゑ》」といふ事《こと》であるが、是《これ》は非常《ひじやう》に大切《たいせつ》なる問《もん》題《だい》である。此處《こゝ》にいふ祭壇《さいだん》とは金《きん》の壇《だん》で、犧牲《いけにへ》を宰《はふ》つて其上《そのうへ》に献《さゝ》ぐる燔祭《はんさい》の壇《だん》とは異《こと》なるものである。昔《むかし》の幕屋《まくや》には二の壇《だん》があり、其《その》一は牛《うし》や羊《ひつじ》を殺《ころ》して献《さゝ》ぐる祭壇卽《さいだんすなは》ち燔祭《はんさい》の壇《だん》である。此祭壇《このさいだん》はイエスキリストを以《もつ》て最後《さいご》とする。再《ふたゝ》び犧牲《いけにへ》を献《さゝ》ぐる必要《ひつえう》がない。主《しゆ》は一の犧牲《いけにへ》を以《もつ》て贖《あがなひ》の御業《みわざ》を永遠《えいゑん》に完成《くわんせい》し給《たま》ふた。是《これ》を信《しん》ずる者《もの》は昔献《むかしさゝ》げし如《こと》き献物《さゝげもの》を何《なに》一つせずとも救《すく》はれ又潔《またきよ》めらる丶。彼《かれ》は牛《うし》や羊《ひつじ》の血《ち》にあらずして、己《おの》が血《ち》を以《も》て民《たみ》の爲《ため》に贖《あがなひ》を成遂《なしと》げ給《たま》ふた故《ゆゑ》に、是以外《これいぐわい》に再《ふたゝ》び犧牲《いけにへ》を献《さゝ》ぐる必要《ひつえう》はないと、希伯來書《ヘブルしよ》に記《しる》してある。

今《いま》一の壇《だん》は神殿《しんでん》の聖所《せいじよ》と至聖所《しせいじよ》との間《あひだ》の隔《へだ》ての幕《まく》の前《まへ》に置《お》かれてあつたもので、これは香壇《かうだん》と呼《よ》ばれ、香《かう》を其上《そのうへ》に焚《た》いたものである。主《しゆ》が十字架上《じふじやう》に於《おい》て死《し》に給《たま》ふた時《とき》上《うへ》より二つに裂《さ》けたのは此隔《このへだ》ての幕《まく》である。昔《むかし》は此幕《このまく》の奥《おく》の至聖所《しせいじよ》には、祭司《さいし》の長《をさ》のみが年《ねん》に一度《ど》だけ、犧牲《いけにへ》の血《ち》を携《たづさ》へて入《はい》る事《こと》が出來《でき》たのであつたが、此隔《このへだ》ての幕《まく》が裂《さ》けた故《ゆゑ》、新約《しんやく》の我等《われら》は誰《たれ》にても、常《つね》に神《かみ》の前《まへ》に出《い》で、至聖所《しせいじよ》に入《はい》る事《こと》が出來《でき》るのである。主《しゆ》イエスの血《ち》によりて至聖所《しせいじよ》に入《い》り、神《かみ》と顏《かほ》と顏《かほ》を合《あは》せて相見《あひみ》ゆる如《ごと》き親密《しんみつ》なる交通《かうつう》をもつ事《こと》が出來《でき》るのである。天主教《てんしゆけう》でいふ如《ごと》きマリヤの仲保《なかだち》も要《えう》せず、直接《ちよくせつ》に行《ゆ》ける。是《これ》は實《じつ》に大《だい》なる惠又特權《めぐみまたとくけん》である。

祭壇《さいだん》は十字架以後《じかいご》最早《もはや》必要《ひつえう》がないが、香壇《かうだん》に至《いた》つては今《いま》も尙此上《なほこのうへ》に香《かう》を献《さゝ》げねばならぬ。默示錄《もくしろく》の壇《だん》とは凡《すべ》て此香壇《このかうだん》を指《さ》す。此上《このうへ》に絶《た》えず焚《た》くべき馨《かん》ばしき香《かう》は祈禱卽《いのりすなは》ち信仰《しんかう》より出《い》づる祈禱《いのり》の型《かた》である。尙次《なほつぎ》の聖句《せいく》を見《み》られよ。

『また第《だい》五の封印《ふういん》を開《ひら》きしとき祭壇《さいだん》の下《もと》に曾《かつ》て神《かみ》の道《みち》のため及《およ》その立《たて》し證《あかし》の爲《ため》に殺《ころ》

されたる者等《ものども》の靈魂《たましひ》あるを見《み》たり、かれら大聲《おほごゑ》に呼《よば》ゝり曰《いひ》けるは、聖誠《きよきまこと》の主《しゆ》よ何時《いつ》まで地《ち》にすむ者等《ものども》を審判《さばき》せず且《かつ》これに我儕《われら》の血《ち》の報《むくい》をなし給《たま》はざる乎《か》』（默示錄《もくしろく》六章《しやう》九、十節《せつ》）

此祭壇《このさいだん》とは何《なに》か。血《ち》を以《もつ》て濕《うるほ》された祭壇《さいだん》ではなくして、是《これ》は祈禱《いのり》の壇《だん》である。聖徒《せいと》の祈禱《いのり》の献《さゝ》げらるゝ祈禱《いのり》の壇《だん》に殉教者等《じゆんけうしやたち》の魂《たましひ》が集《あつ》められるのである。然《しか》し啻《たゞ》に殉教《じゆんけう》者等《しやたち》のみではあるまい。私《わたくし》の想像《さうぞう》だに誤《あやま》らずば、既《すで》に信仰《しんかう》の戰《たゝかひ》を戰《たゝか》ひ、其走《そのはし》るべき途程《みちのり》を走《はし》り盡《つく》して御國《みくに》に逝《ゆ》いた信仰《しんかう》の勇士等《ゆうしら》も亦此處《またこゝ》に居《を》ると思《おも》ふ。然《しか》らば其處《そこ》で何《なに》をして居《を》るか。或人《あるひと》は死《し》んだ靈魂《たましひ》はキリストの再臨迄無意識《さいりんまでむいしき》の狀態《じやうたい》の中《うち》に居《を》るなどゝ飛《と》んだ事《こと》をいふが、我等《われら》は其《それ》を信《しん》じない。聖書《せいしよ》には彼等《かれら》が主《しゆ》に向《むか》つて大聲《おほごゑ》に呼《よば》はつて居《を》るとあるではないか。何《なん》と呼《よば》はつて居《を》るかといふに、主《しゆ》よ何故《なぜ》何時《いつ》まで我等《われら》の血《ち》の報《むくい》をなし給《たま》はざるかと訴《うつた》へて居《を》るとある。是《これ》は忌々《いま〳〵》しいから腹癒《はらい》せに彼等《かれら》を酷《ひど》い目《め》に遇《あ》はせてやつて下《くだ》さいと願《ねが》ふ事《こと》ではない。是《これ》は代禱《だいたう》である。代禱《だいたう》といつても是《これ》はあの人《ひと》を救《すく》つて下《くだ》さい、此人《このひと》を惠《めぐ》んでやつて下《くだ》さいといふやうな生優《なまやさ》しい祈禱《いのり》ではなく、神《かみ》よ何故《なぜ》サタンを早《はや》く碎《くだ》き給《たま》はざるや、早《はや》く彼《かれ》を罰《ばつ》して下《くだ》さい、オー主《しゆ》よ仇《あだ》を復《かへ》し給《たま》へといふ物凄《ものすご》い祈禱《いのり》である。是《これ》は生半可《なまはんか》でいへる事《こと》ではない。眞劍《しんけん》なる禱告《たうこく》である。

尚次《なほつぎ》の聖言《みことば》を見《み》られよ。

『また一人《ひとり》の天《てん》の使《つかひ》金《きん》の香鑪《かうろ》を持來《もちきたり》て祭壇《さいだん》の側《かたはら》に立《た》つ、かれ多《おほく》の香《かう》を予《あたへ》られたり、此《こ》は寶座《くらゐ》の前《まへ》にある金《きん》の祭壇《さいだん》の上《うへ》に之《これ》を獻《さゝ》げて諸《もろ/\》の聖徒《せいと》の祈禱《いのり》に添《そへ》しめん爲《ため》なり』
（默示錄《もくしろく》八章《しやう》三節《せつ》）

天使《てんし》は我等《われら》の獻《さゝ》ぐる祈禱《いのり》を馨《かう》ばしき香《かう》として添《そ》へんが爲《ため》にもつて行《ゆ》くのである。祈禱《いのり》を形容《けいよう》して香《かう》といつてあるが、此香壇《このかうだん》に尚多《なほおほ》くの祈禱《いのり》が積《つ》まれねばならぬ。是《これ》は地《ち》を這《は》ひ廻《まは》つて居《を》るやうな、人《ひと》の前《まへ》に祈《いの》つても上《うへ》に昇《のぼ》らぬやうな祈禱《いのり》ではない。眞直《まつすぐ》に天《てん》に達《たつ》する祈禱《いのり》でなければならぬ。主《しゆ》は何《なに》を要求《えうきう》し給《たま》ふかといふに、祈禱《いのり》を要求《えうきう》して居《ゐ》給《たま》ふのであるが、わけても主《しゆ》の要求《えうきう》し給《たま》ふ祈禱《いのり》は如何《いか》なる祈禱《いのり》であるか。主《しゆ》イエスよ來《きた》り給《たま》へ、主《しゆ》よサタンに勝《かち》を得《え》給《たま》へ、國《くに》をイスラエルに還《かへ》し給《たま》へ、といふ祈禱《きたう》こそ主《しゆ》の最《もつと》も悦《よろこ》び給《たま》ふ祈禱《きたう》、是《これ》こそ此祭壇《このさいだん》に盛《も》るべき祈禱《きたう》である。此香《このかう》が積《つ》まれゝば積《つ》まれる程《ほど》、主《しゆ》の再臨《さいりん》が早《はや》くなるのである。祈禱《きたう》なくして靈魂《たましひ》が救《すく》はれし例《れい》なく、又祈禱《またきたう》なくして靈魂《たましひ》の潔《きよ》められし例《れい》はない。況《いは》んや主《しゆ》イエスよ來《きた》り給《たま》へとの祈禱《きたう》なくして、は、いかに學者《がくしや》が研究《けんきう》したからとて、又主《またしゆ》の再臨《さいりん》を信《しん》じて居《ゐ》たからとて、其爲《そのため》に主《しゆ》が來《き》給《たま》ふといふ事《こと》はない。然《しか》し我等《われら》は主《しゆ》イエスよ來《きた》り給《たま》へ、早《はや》く來《きた》りて惡《あし》き者《もの》を滅《ほろ》ぼして全地《ぜんち》を統治《すべをさ》め給《たま》へと祈《いの》つて居《を》る。祈禱《きたう》には多《おほく》の祈禱《きたう》があるが、聖靈《せいれい》は我等《われら》に斯《か》る祈禱《きたう》をするやうに導《みちび》いて居《ゐ》給《たま》ふ。我等《われら》は世界《せかい》の信者《しんじや》の數《かず》から較《くら》べれば極《きは》めて僅《わづ》かな人數《にんずう》に過《す》ぎないが、聖靈《せいれい》は我等《われら》を捕《とら》へて斯《か》る祈禱《きたう》をなさしめて居《ゐ》給《たま》ふ。今《いま》こそ目醒《めさ》めて眞劍《しんけん》にならなければならぬ。此壇《このだん》の上《うへ》の火《ひ》が炎々《えん〱》と燃上《もえあが》り、香《かう》の烟《けむり》が高《たか》く〱昇《のぼ》らねばならぬ。其《それ》が爲《ため》に我等《われら》は力《ちから》を盡《つく》して祈《いの》らねばならぬ。異邦人《いはうじん》の數《かず》も滿《み》されねばならぬが、此香壇《このかうだん》に尚多《なほおほく》の香《かう》を盛《も》らねばならぬ。

『香《かう》の烟《けむり》聖徒《せいと》の祈禱《いのり》に添《そひ》て天使《てんのつかひ》の手《て》より神《かみ》の前《まへ》に昇《のぼ》れり、この天使《てんのつかひ》香爐《かうろ》を執《と》りこれに祭壇《まつりだん》の火《ひ》を盛《もり》て地《ち》に傾《かたむ》けゝれば許多《おほく》の聲《こゑ》迅雷《いかづち》と閃電《いなづま》および地震《ちしん》起《おこ》れり』(默示錄《もくしろく》八章《しやう》四、五節《せつ》)

祈禱《いのり》が答《こた》へらるゝ事《こと》によりて人々《ひとびと》が救《すく》はれ又潔《またきよ》めらるゝのみならず、祈禱《いのり》が答《こた》へらるゝ事《こと》によりて此地上《このちじやう》に義《たゞ》しき審判《さばき》が行《おこな》はれるのである。かくて全地《ぜんち》が主《しゆ》イエスを王《わう》の王《わう》、主《しゆ》の主《しゆ》として崇《あが》めるに至《いた》るのである。地上《ちじやう》に審判《さばき》を請求《せいきう》する祈禱《いのり》とは實《じつ》に凄《すご》い祈禱《いのり》であるが、エリヤも此祈禱《このいのり》をなした。羅馬書《ローマしよ》十一章《しやう》二節《せつ》に「イスラエルに逆《さか》ひて神《かみ》に訴《うつた》へけるは」(永井譯)とある。此訴《このうつた》へるといふのは原語《げんご》で禱告《たうこく》といふ字《じ》である。英語《えいご》では Intercede against となつて居《を》る。イスラエルに逆《さか》つて禱告《たうこく》する。是《こた》は生優《なまやさ》しい基督敎《キリストけう》では到底解《たうていわか》らない事《こと》である。神《かみ》の義《たゞ》しき審判《さばき》を祈《いの》る事《こと》によりて解《わか》るのである。然《しか》し神《かみ》の義《たゞ》しき審判《さばき》を祈《いの》る時《とき》、我等《われら》の周圍《まはり》の者《もの》は我等《われら》を苦《くるし》め迫害《はくがい》する。我等《われら》は彼等《かれら》の爲《ため》に全《まつた》き愛《あい》を以《もつ》て祈《いの》つては居《を》るが、然《しか》し主《しゆ》イエスを侮辱《ぶじよく》する者《もの》、神《かみ》の聖名《みな》を汚《けが》す者《もの》の爲《ため》に今《いま》に審判《さばき》がある。「我靈《わがみたま》永《なが》く人《ひと》と爭《あらそ》はじ」とある如《ごと》く、神《かみ》は必《かなら》ず審判《さば》き給《たま》ふ。我等《われら》の愛《あい》する者《もの》、我等《われら》と共《とも》に食事《しよくじ》をして居《を》る者《もの》の中《なか》にも審判《さば》かるゝ者《もの》があるかも知《し》れぬ。其時《そのとき》是《これ》は 私《わたくし》の身内《みうち》の者《もの》だから特別《とくべつ》扱《あつかひ》にして下《くだ》さいと願《ねが》つても、そんな事《こと》は許《ゆる》されぬ。「一人《ひとり》は取《と》られ、一人《ひとり》は殘《のこ》さるべし」である。

今《いま》や世《よ》は亂《みだ》れに亂《みだ》れ、國《くに》と國《くに》、民《たみ》と民《たみ》は相反目《あひはんもく》し、あらゆる罪惡《さいあく》は行《おこな》はれ、惡魔《あくま》は跋扈《ばつこ》して居《を》る。何時《いつ》迄《まで》も此儘《このまゝ》なれば生《うま》れる者《もの》〳〵皆《みな》サタンの爲《ため》に害《がい》せられる。何時《いつ》迄《まで》斯《かゝ》る有様《ありさま》にて續《つゞ》くべきか。主《しゆ》よ早《はや》く來《きた》り審判《さばき》を行《おこな》ひ給《たま》へ、此世《このよ》を亂《みだ》し騷《さわ》がす惡魔《あくま》を滅《ほろ》ぼし給《たま》へ。是《これ》が我等《われら》の献《さゝ》ぐべき切《せつ》なる祈禱《いのり》である。祭壇《さいだん》より出《いづ》る聲《こゑ》とは此祈禱《このいのり》である。此祭壇《このさいだん》より出《いづ》る聲《こゑ》の結果惡役《けつくわあくやく》を務《つと》むる四人《にん》の使者《ししや》が釋放《しやくはう》せられて、世界《せかい》の人《ひと》の三分《ぶん》の一を殺《ころ》すのである(默示錄《もくしろく》十九章《しやう》十三節《せつ》より十五節迄《せつまで》)。卽《すなは》ち永《なが》らくの間《あひだ》の聖徒《せいと》の祈禱《いのり》が現實《げんじつ》に答《こた》へられ、主《しゆ》イエスが來《きた》りて新婦《はなよめ》を 携《たづさ》へ擧《あ》げ給《たま》ふが、其後《そのご》地上《ちじやう》に大患難時代《だいくわんなんじだい》來《きた》り一大混亂大戰爭《だいこんらんだいせんさう》が起《おこ》るのである。其時此《そのときこの》四人《にん》の使者《ししや》を抑制《よくせい》する者《もの》は日《ひ》出《いづ》る國《くに》の大《やま》和《と》民族《みんぞく》である事《こと》は、前述《ぜんじゆつ》の如《ごと》くであるが、兎《と》に角《かく》神《かみ》は聖徒《せいと》の祈禱《いのり》に答《こた》へて此地《このち》に審判《さばき》を執行《しつかう》し給《たま》ふのである。我等《われら》は愈々《いよ〳〵》熱烈《ねつれつ》に此香壇《このかうだん》に香《かう》を盛《も》る事《こと》を務《つと》めねばならぬ。更《さら》に一日《にち》も早《はや》く主《しゆ》の再臨《さいりん》と其義《そのたゞし》き審判《さばき》の行《おこな》はれん事《こと》を祈《いの》り求《もと》めねばならぬ。

跋

本書《ほんしよ》の刊行《かんかう》に當《あた》り、予《よ》は左《さ》の事柄《ことがら》を書《か》き添《そ》ふる事《こと》の必要《ひつえう》を認《みと》めた。

日本《にほん》の神社《じんじや》とユダヤの幕屋《まくや》との關係《くわんけい》につきては多《おほく》の學者《がくしや》たちは非常《ひじやう》の興味《きようみ》を以《もつ》て研究《けんきう》して居《を》らるゝ。例《たと》へばユダヤの祭司《さいし》の胸《むね》に當《あて》るところのエポデが十二の四角《かく》な石板《せきばん》を張《は》りつけたものであるのと、神官《しんくわん》の石帯《せきたい》の如《ごと》き、聖所《せいじよ》と至聖所《しせいじよ》があるやうに、拜殿《はいでん》と奥殿《おくでん》とあるが如《ごと》き、また參拜《さんぱい》前《ぜん》に手《て》を洗《あら》ふ所《ところ》があるのは、ユダヤの幕屋《まくや》と神社《じんじや》にのみあるが如《ごと》き、供《そなへ》のパンと御供餅《ごくもち》の如《ごと》き、祭司《さいし》と神官《しんくわん》の着《き》る麻《あさ》の白妙《しろたへ》の衣《ころも》の如《ごと》き、ユダヤの幕屋《まくや》時代《じだい》の祭壇《さいだん》と伊勢《いせ》大廟《たいべう》の石垣《いしがき》が必《かなら》ず天然石《てんねんせき》であるが如《ごと》き、また舊約聖書《きうやくせいしよ》にある搖祭《えうさい》と神官《しんくわん》が榊《さかき》を搖《ふ》り廻《まは》す事《こと》の如《ごと》き、數《かぞ》へ切《き》れぬほど類似《るゐじ》の点《てん》が澤山《たくさん》ある。なほ神社《じんじや》の御輿《みこし》と契約《けいやく》の櫃《はこ》を擔《かつ》ぐ事《こと》、しかも之《こ》れが水《みづ》に關係《くわんけい》があつて、渡御《とぎよ》といふ言《ことば》からして見《み》てもヨルダン河《がは》の古事《こじ》に彷彿《はうふつ》たるものがある。我國《わがくに》に荒神《あらがみ》といふのがあるが、あれはアラーの神《かみ》でなからふか。アラーはアラビヤ語《ご》の神《かみ》で、ヘブル語《ご》のエリと同《おな》じである。エロヒムは其複數《そのふくすう》である。或神道家《あるしんだうか》の説《せつ》によれば神道《しんだう》の神《かみ》も元《もと》は一柱《はしら》であつて、それから多《おほく》の神々《かみ〴〵》が生《うま》れ出《で》たやうになつて居《を》るとの事《こと》である。偶像《ぐうざう》を祭《まつ》つて居《を》る神社《じんじや》があるが、あれは偶像教《ぐうざうけう》なる佛教《ぶつけう》が渡來後《とらいご》それにかぶれて出來《でき》たものである。元《ぐわん》來神道《らいしんだう》は天《てん》を祭《まつ》る宗教《しゆうけう》であり、また靈《れい》なる神《かみ》を拜《をが》む教《をしへ》である。それが神體《しんたい》を有《も》つたり又《また》は祖先崇拜《そせんすうはい》に結《むす》び附《つけ》たりした事《こと》は變態《へんたい》であつて、神道《しんだう》の墮落《だらく》である。

英國《えいこく》の基督教界《キリストけうかい》にアングロ・イスラエル主義《しゆぎ》といふものを主張《しゆちやう》する者《もの》がある。それはイスラエルの失《うしな》はれたる十族《ぞく》は今《いま》の英國人《えいこくじん》であると説《と》き、本書《ほんしよ》にも述《の》べたる如《ごと》く、英國《えいこく》の皇室《くわうしつ》はダビデ王《わう》の血統《けつとう》を受繼《うけつ》いで居《を》ると、眞《まこと》しやかに述《の》べて居《を》る説《せつ》である。其《それ》は實《じつ》に牽强附會《けんきやうふくわい》の説《せつ》で、殊《こと》に英國《えいこく》に居《を》るユダヤ人《じん》などは大反對《だいはんたい》を試《こころ》みて居《を》る。今茲《いまこゝ》に其論者《そのろんじや》の説《せつ》を擧《あ》げるわけには行《い》かぬが、あんな事《こと》で其説《そのせつ》が立《た》つ者《もの》ならば、予《よ》はジャバニース・イスラエル主義《しゆぎ》を主張《しゆちやう》し得《う》る尙多《なほおほく》の材料《ざいれう》を提供《ていきやう》し得《う》る者《もの》である。予《よ》の信《しん》ずる所《ところ》また調査《てうさ》する所《ところ》によれば、失《うしな》はれたるイスラエルの十族《ぞく》の大部分《だいぶぶん》は今《いま》のユダヤ人《じん》の中《なか》に雜《まじ》り、或幾分《あるいくぶん》は英國人《えいこくじん》の中《なか》にも日本人《にほんじん》のうちにも雜《まじ》つた事《こと》であらふと想《おも》はれる。それは基督《キリスト》が再臨《さいりん》なし給《たま》ふ時《とき》に明白《めいはく》になる事《こと》と思《おも》はれる。

我等《われら》日本人《にほんじん》も其起原《そのきげん》を知《し》りたく思《おも》ふやうに、英國人《えいこくじん》も聖書《せいしよ》の中《なか》に自國《じこく》を見出《みいだ》さうと苦心《くしん》した者《もの》である。聖書《せいしよ》に「タルシ、および島々《しまじま》の王《わう》たちは貢《みつぎ》をおさめ」（詩七十二〇十）とあるが、此《この》タルシシは主《おも》に船《ふね》を用《もち》ひて貿易《ぼうえき》を盛《さか》んにやる民《たみ》であるから、今《いま》の英《えい》國人《こくじん》であると申《まう》して居《を》るけれども、かのヨナがタルシシに逃《に》げて行《い》つた事《こと》などから考《かんが》へて見《み》ると、これは英國《えいこく》でなく、地中海《ちちゆうかい》を中心《ちゆうしん》として居《を》つたフエニシヤ人《じん》である事《こと》が明瞭《めいれう》である。御氣《おき》の毒《どく》ながら聖書《せいしよ》には英國人《えいこくじん》の事《こと》が記《しる》されて居《ゐ》ない。又北米合衆國人《またほくべいがつしうこくじん》も自國《じこく》をば聖書《せいしよ》の中《なか》に見出《みいだ》さんと努力《どりよく》した。今日《こんにち》まで世界《せかい》の敎化《けうくわ》の爲《ため》に努力《どりよく》したる英《えい》米《べい》の事《こと》が聖書《せいしよ》に預言《よげん》されて居《ゐ》ない筈《はず》がないと見《み》るのも、尤《もつとも》なやうに聞《き》こゆるが、今《いま》までそれは見當《みあた》らなかつた。以賽亞書《イザヤしよ》十八章《しやう》一節《せつ》にある「エテオピアの河《かは》の彼方《かなた》なるさや〳〵と羽音《はおと》のきこゆる地《ち》」は米國《べいこく》で、「丈《たけ》たかく肌《はだ》なめらかなる」民《たみ》とは米國人《べいこくじん》であると、大發見《だいはつけん》でもしたやうに說《と》き立《たて》る學者《がくしや》もあるけれども、これは果《はた》して然《しか》るや、大《おほい》に研究《けんきう》せねばならぬ問題《もんだい》である。しかし日本《にほん》は日出《ひいづ》る國《くに》として明白《めいはく》に舊新約聖書《きうしんやくせいしよ》に明示《めいじ》されてある。しかも其使命《そのしめい》までも明示《めいじ》されてある。誰《たれ》かこれを否《いな》む事《こと》が出來《でき》やうか。歐米人《おうべいじん》の中《うち》には日出《ひいづ》る國《くに》とは日本《にほん》でなからふかと思《おも》ひ附《つ》く人《ひと》もあるだらふけれども、何《な》んだか神《かみ》が日本《にほん》ばかりを贔負《ひいき》にして居《を》るやうに見《み》ゆるので、また白人優越《はくじんいうえつ》といふ偏見《へんけん》に捕《とら》はれて居《を》るので、大胆《だいたん》に言出《いひだ》し得《え》ずに居《を》るのでなからふかと、思《おも》はるゝ點《てん》も無《な》いわけではない。實《じつ》は我等日本人《われらにほんじん》でさへ、其使命《そのしめい》の餘《あま》りに重大《ちゆうだい》なるが爲《ため》に、果《はた》してそれが日本人《にほんじん》に與《あた》へられたる使命《しめい》であるだらふかと、信《しん》ずるに躊躇《ちうちよ》した程《ほど》であつた。予《よ》は十數年前歐米《すうねんぜんおうべい》を巡廻中《じゆんくわいちゆう》に或人《あるひと》から「一人《ひとり》の天使《てんし》の日《ひ》の中《なか》に立《たて》るを見《み》たり」(默《もくしろく》十九〇十七)を示《しめ》され、これは日本《にほん》の事《こと》でなからふかと告《つ》げられた時《とき》に、然《さ》うだと答《こた》へ得《え》なかつたが、今《いま》は大胆《だいたん》に然《しか》りと答《こた》へ得《う》る確信《かくしん》を神《かみ》より與《あた》へられて感謝《かんしや》し居《を》る者《もの》である。

曾《かつ》て來朝《らいてう》せられたるアインスタイン博士《はかせ》はユダヤ人《じん》であるが、彼《かれ》は日本人《にほんじん》をばやがて世界《せかい》の中心的民族《ちゆうしんてきみんぞく》となると申《まう》されたと聞《き》いて居《を》る。聖書《せいしよ》の豫言《よげん》によれば、日本《にほん》は世《せ》界《かい》の各國《かくこく》を掣肘《せいちう》するやうになつて居《を》る。それが第《だい》一ユダヤ人《じん》の救《すくひ》に關係《くわんけい》して居《を》るから驚《おどろ》かざるを得《え》ない。現今安全地帶《げんこんあんぜんちたい》を探《さが》し求《もと》めて居《を》るユダヤ人《じん》が軍備等《ぐんびなど》も完備《くわんび》して居《を》る日本《にほん》に來《きた》りて居住《きよぢう》するやうになり、日露戰爭《にちろせんさう》の時《とき》の如《ごと》く、其金力《そのきんりよく》をば日本《にほん》の武力《ぶりよく》と合《あは》せて用《もち》ふるやうにならぬとも限《かぎ》らない。これは經世家《けいせいか》の大《おほい》に考慮《かうりよ》すべき問題《もんだい》でなからふか。

露西亞《ロシア》は聖書《せいしよ》の光《ひかり》を以《もつ》て見《み》れば、以西結書《エゼキエルしよ》三十八章《しやう》と三十九章《しやう》にあるゴグ、マゴク、ロシ、メセク、トバルの國《くに》であるから、平和《へいわ》の攪亂者《かくらんしや》である。これは北《きた》の王《わう》となるもので、僞基督《にせキリスト》の手先《てさき》となりてエルサレムからエヂプトまで侵入《しんにふ》する者《もの》であると預言《よげん》されてある。日東《につとう》の天使《てんし》はどんな事《こと》があつてもこれとは提携《ていけい》する事《こと》はない。やがて患難《くわんなん》の時代《じだい》に日本《にほん》の進出《しんしゆつ》によりて、大《おほい》に周章《あはて》ふためき、軍《ぐん》を引返《ひきかへ》して自滅《じめつ》するとあるから

(但《ダニエル》十一〇四四)、大陸《たいりく》に對《たい》して大方針《だいはうしん》を定《さだ》むる日本《にほん》の政治家《せいぢか》又《また》は軍人《ぐんじん》は此光《このひかり》のもとに行動《かうどう》すべきである。

以賽亞書《イザヤしよ》四十九章《しやう》に「我《われ》もろ〱の山《やま》を路《みち》としわが大路《おほぢ》を高《たか》くせん、視《み》よ人々《ひと〲》あるひは遠《とほ》きより來《きた》り或《あるひ》は北《きた》また西《にし》より來《きた》らん、或《あるひ》はまたシニムの地《ち》より來《きた》るべし」(十一、十二節《せつ》)とある。シニムは今《いま》の支那《しな》であつて、大路《おほぢ》とは高路《かうろ》で鐵道《てつだう》である。此光《このひかり》を以《もつ》て觀《み》る時《とき》には、亞細亞《アジア》の高原《かうげん》に鐵道《てつだう》が布《し》かれ、支那方面《しなはうめん》よりもどし〱エルサレム詣《まうで》の爲《ため》に行《ゆ》く者《もの》がある事《こと》になるのである。日本《にほん》が滿蒙《まんまう》に手《て》を伸《のば》すのは當然《たうぜん》の事《こと》で、遂《つひ》に鐵道《てつだう》がそれに布《し》かれて、トルキスタンからペルシヤの方《はう》に出《いで》て、バグダッドからエルサレムに至《いた》るといふ順序《じゆんじよ》になるのである。これは聖書《せいしよ》から見《み》たる大陸政策《たいりくせいさく》の一である。

やがてバグダッドやエルサレムは商業上《しやうげふじやう》の中心《ちゆうしん》となる。日本《にほん》の商業家《しやうげふか》は早《はや》くもそこに眼《め》をつけて今《いま》のうちより關係《くわんけい》をつけておくやうにすべきである。パレスチナにはヘブル語《ご》が再興《さいこう》せられて居《を》る。日本《にほん》にもヘブル語學者《ごがくしや》があるが、其《それ》を用《もち》ひやうがなくて困《こま》つて居《を》る。先見《せんけん》の明《めい》ある人々《ひとぐ》は大《おほい》に彼等《かれら》を用《もち》ふるがよい。また日本《にほん》の海軍關係《かいぐんくわんけい》の人々《ひとぐ》はペルシヤ灣《わん》でも、紅海《こうかい》でも、地中海《ちちゆうかい》でも、何《なに》か手《て》がゝりがあるならは、後日《ごじつ》の爲《ため》に足場《あしば》を造《つく》るやうにすべきである。しかし注意《ちゆうい》しておく事《こと》は、どんな事《こと》があつても歐洲《おうしう》の聯盟《れんめい》に捕《とら》はれず、獨自《どくじ》の立場《たちば》にあつて行動《かうどう》する事《こと》である。

今《いま》の歐洲《おうしう》の平和《へいわ》は一時的《じてき》のものである。十一月《ぐわつ》の十一日《にち》の午後《ごご》十一時《じ》に平和《へいわ》の調印《てういん》が濟《す》んだといふので、十一といふ不完全數《ふくわんぜんすう》から成立《なりた》つた不完全《ふくわんぜん》なる平和《へいわ》である。やがてこれが破《やぶ》れるのは當然《たうぜん》である。日本《にほん》は此事《このこと》について眼《め》が開《ひら》けて居《を》らねばならぬ。聖《せい》書《しよ》の聖數學《せいすうがく》からいへば、眞《しん》の完全《くわんぜん》は十二の數《すう》から成立《なりたつ》て居《を》らねばならぬ。然《しか》し何《なに》もかも整《とゝの》ふて居《ゐ》ても、平和《へいわ》の君《きみ》なる基督《キリスト》が再臨《さいりん》し給《たま》はずば、全世界《ぜんせかい》は根本《こんぽん》から平和《へいわ》になるものでない。我等《われら》はこれを我等《われら》の頭《あたま》の中《なか》に置《お》いて、國家《こくか》の將來《しやうらい》を考《かんが》へねばならぬ。されば人間細工《にんげんざいく》の平和論《へいわろん》などには耳《みゝ》を藉《か》すべきものではない。

寧《むし》ろ我等《われら》は今《いま》「祭壇《さいだん》の下《もと》に曾《かつ》て神《かみ》の道《みち》のため及《およ》びその立《た》てし證《あかし》の爲《ため》に殺《ころ》されたる者《もの》

等《ら》の靈魂《たましひ》」が大聲《おほごゑ》を以《もつ》て、「聖誠《きよきまこと》の主《しゆ》よ、何時《いつ》まで地《ち》にすむ者等《ものら》を審判《さばき》せず、且《かつ》これに我儕《われら》の血《ち》の報《むくい》をなし給《たま》はざる乎《か》」（默《もくしろく》六〇九、十）と叫《さけ》んで居《を》る事《こと》を知《し》る時《とき》には、如何《どう》しても一日《にち》も早《はや》く、六千年間《ねんかん》の魔王《まわう》サタンを亡《ほろ》ぼして貰《もら》ひたいと願《ねが》ふ者《もの》である。基督《キリスト》に全世界《ぜんせかい》を治《をさ》めて戴《いたゞ》くには、此眞意《このしんい》を解《かい》して大《おほい》に祈《いの》らねばならぬ。今《いま》までは一人《ひとり》でも多《おほく》の人《ひと》を救《すく》ひ給《たま》へと祈《いの》つて居《ゐ》たが、今後《こんご》は神《かみ》の豫定《よてい》の御計畫《ごけいくわく》を遂行《すゐかう》して戴《いたゞ》く爲《ため》に、全世界《ぜんせかい》に對《たい》し、義《たゞ》しき審判《さはき》を爲《な》して戴《いたゞ》くやうに祈《いの》るべきである。かかる祈《いのり》は聖靈《せいれい》によらなければ出來《でき》ない。

かゝる祈《いのり》は默示錄《もくしろく》八章《しやう》にある如《ごと》く聖徒《せいと》の祈《いのり》であつて、天使《てんし》の香《かう》の烟《けむり》とともに神《かみ》の御《み》許《もと》なる祭壇《さいだん》の上《うへ》に盛《も》らるゝのである。此祭壇《このさいだん》から聲《こゑ》が出《いで》て、其結果《そのけつくわ》として日本《にほん》に由《よ》つてユフラテ河《がは》に於《おい》て行詰《ゆきつま》つた歐洲《おうしう》の四大民族《だいみんぞく》が釋《と》き放《はな》され、人《ひと》の三分《ぶん》の一を殺《ころ》すといふ大慘劇《だいさんげき》が演《えん》ぜらるるのである。此光《このひかり》を以《もつ》て見《み》ると、我等《われら》は今主耶蘇《いましゆイエス》よ來《きた》り給《たま》へと祈《いの》つて居《を》る事《こと》は、或意味《あるいみ》に於《おい》ては審判主《さばきぬし》なる御方《おかた》に早《はや》く來《き》て戴《いたゞ》きたいと祈《いの》る事《こと》で、一種《しゆ》物凄《ものすご》いものであるが、これはどうせ起《おこ》らねばならぬ事件《じけん》であるから、其後《そのご》に來《きた》るところの千福年《ふくねん》の爲《ため》に、見《み》とほしの利《き》く信仰《しんかう》を以《もつ》て大《おほい》に祈《いの》るべきである。徒《いたづ》らに人情《にんじやう》に捕《とら》はれて、主耶蘇《しゆイエス》に來《き》て戴《いたゞ》く事《こと》を少《すこ》し延《の》ばして戴《いたゞ》きたいといふ事《こと》を口《くち》に出《だ》して言《い》ふべきでなく又思《またおも》ふべきでもない。今《いま》は地上《ちじやう》の聖徒《せいと》は總掛《そうがゝ》りで此祈《このいのり》をすべきである。しかも此事《このこと》は日本《にほん》の聖徒《せいと》に大關係《だいくわんけい》ある事《こと》であるから、此祈《このいのり》は日本《にほん》の聖徒《せいと》から多《おほ》く捧《さゝ》げられねばならぬ。

終《をはり》に日本《にほん》に關《くわん》する聖句《せいく》を聖書中《せいしよちゆう》より左《さ》に引照《いんせう》する。

「日《ひ》の出《いづ》る處《ところ》より日《ひ》のいる處《ところ》までヱホバの名《な》はほめらるべし」(詩篇《シヘン》十三〇三)。

「たれか日出《ひいづ》る國《くに》より人《ひと》を起《おこ》しゝや――我《わ》が名《な》をよぶものを日出《ひいづ》る國《くに》より來《きた》らしむ彼《かれ》來《きた》りもろ〳〵の長《をさ》をふみて泥《ひぢ》のごとくにし陶工《すゑつくり》のつちくれを踐《ふむ》が如《ごと》くにせん」(賽《イザヤ》四十二〇二、二十五)

「而《しか》して日《ひ》の出《いづ》る所《ところ》より西《にし》の方《かた》まで人々《ひと〴〵》我《われ》の外《ほか》に神《かみ》なしと知《しる》べし我《われ》はヱホバなり他《ほか》に

ひとりもなし」(賽《イザヤ》四十五〇七)
「われ日《ひ》出《いづ》る國《くに》より鷲《わし》をまねき遠國《とほきくに》よりわが定《さだ》めおける人《ひと》を招《まね》かん我《われ》この事《こと》を語《かた》りたれば必《かな》らず來《きた》らすべし我《われ》この事《こと》を謀《はか》りたれば必《かな》らず成《な》すべし」(賽《イザヤ》四十六〇十一)
「西方《にしのかた》にてヱホバの名《みな》をおそれ日《ひ》の出《いづ》る所《ところ》にてその榮光《えいくわう》を畏《おそ》るべし」(賽《イザヤ》五十九〇十九)
「時《とき》にイスラエルの神《かみ》の榮光《えいくわう》東《ひがし》よりきたれり」(結《エゼキエル》四十三〇二)
「この故《ゆゑ》に東《ひがし》(光《ひかり》の國《くに》)にてヱホバを崇《あが》め海《うみ》の島々《しまじま》にてイスラエルの神《かみ》ヱホバをあがむべし」(賽《イザヤ》二十四〇十五)
「日《ひ》の出《いづ》る處《ところ》より沒《い》る處《ところ》までの列國《くにぐに》の中《なか》に我名《わがな》は大《おほい》ならん」(馬《マラキ》一〇十一)
「懼《おそ》るゝなかれ我《われ》なんぢの裔《すゑ》を日《ひ》出《いづ》る處《ところ》より來《きた》らせ西《にし》より汝《なんぢ》を集《あつ》むべし」(賽《イザヤ》四十三〇五)
「彼日《かれひ》出《いづ》る國《くに》と北《きた》より報知《しらせ》を得《え》て周章《あはて》ふためき許多《あまた》の人《ひと》を滅《ほろぼ》し絶《たやさ》んと大《おほい》に怒《いか》りて出《いで》ゆ

かん」（但《ダニエル》十一〇四十四）

「萬軍《ばんぐん》のヱホバかく言《いひ》たまふ視《み》よ我《われ》わが民《たみ》を日《ひ》の出《いづ》る國《くに》より日《ひ》の入《い》る國《くに》より救《すく》ひ出《いだ》さん」（亞《アモス》八〇七）

「其時博士《そのときはかせ》たち日出る國《アナトレー》よりエルサレムに來《きた》り曰《い》ひけるは……われら日《ひ》出《いづ》る國《くに》にて其《その》星《ほし》を見《み》たれば彼《かれ》を拜《はい》せん爲《ため》に來《きた》れり」（太《マタイ》二〇一、二）

「多《おほく》の人々《ひとびと》日出《ひいづ》る處《ところ》より西《にし》より來《きたり》て……偕《とも》に天國《てんごく》に坐《ざ》せん」（太《マタイ》八〇十一）

「又《また》この他《ほか》に一人《ひとり》の天使活神《てんしいけるかみ》の印《いん》を持《もち》て日《ひ》出《いづ》る所《ところ》より登《のぼ》り來《きた》るを見《み》たり此使者《このししや》かの地《ち》と海《うみ》を傷《そこな》ふことを許《ゆる》されたる四人《にん》の天使《てんし》に向《むか》ひ大聲《おほごゑ》に呼《よば》り我儕《われら》の神《かみ》の僕《しもべ》の額《ひたひ》に我儕《われら》が印《いん》するまでは地《ち》をも海《うみ》をも樹《き》をも傷《そこな》ふ可《べか》らずと曰《いへ》り」（默《モクシロク》七〇二、三）

「第《だい》六の使者《つかひ》その金椀《かなまり》を大河《おほがは》ユフラテに傾《かたむ》けければ其水涸盡《そのみづかれつき》たり是日《これひ》出《いづ》る國《くに》の諸王《しよわう》の路《みち》を備《そなへ》ん爲《ため》なり」（默《モクシロク》十六〇十二）

Printed in Japan

昭和七年十二月卅一日印刷納本
昭和八年一月一日發行
昭和八年一月二十二日再版發行
昭和八年二月十日第三版發行
昭和八年三月六日第四版發行

定價 金五拾錢
送料金六錢

著者 中田重治
東京市淀橋區柏木三丁目三九一

發行人 清水是非三
東京市淀橋區柏木三丁目三八六

印刷人 小關謙六
東京市淀橋區柏木三丁目三八六

印刷所 ホーリネス教會印刷部

發行所
東京市淀橋區柏木三丁目三九一
東洋宣教會 ホーリネス教會出版部
振替口座東京七七八一四番

解題

武田崇元

本書は、昭和七年十一月二十三日から二十七日にかけて、淀橋ホーリネス教会主催の聖会における中田重治の講演を筆録したもので、翌八年一月にホーリネス教会出版部から四六判の並製本で刊行され、早くも同年三月までに四版を重ねている。

日本ユダヤ同祖論を背景に、終末的危機の時代における日本民族の使命を力説した本書に続く一連の中田の言説は、彼みずからが主導し創立したホーリネス教会の分裂を招くことになる。

本書の内容そのものはさほど難解なものではなく、ここであえて解説の必要はないと思われるので、ここでは大方の読者になじみのないであろう中田重治の来歴とホーリネス教会成立の背景、および分裂に至った経緯について簡単に解説しておく。

中田重治は明治三年（一八七〇）、青森県弘前市の士族の家に生まれ、長じて東奥義塾に学んだ。東奥義塾は、藩命により英語と洋学習得のため横浜に派遣された本多庸一が、帰郷後の明治五年、旧藩主津軽承前の援助を得て、旧藩校・稽古館の施設を利用して開校したもので、辺境の後進地域という劣勢から脱却するための教育機関として、郷土の輿望を担い、当初より外人宣教師が積極的に雇傭された。本多自身も横浜遊学中にJ・H・バラより洗礼を受け、明治八年には東奥義塾に奉職するメソジスト派の宣教師ジョン・イングとともに弘前基督公会（後の弘前メソジスト教会）を設立し、みずから初代牧師を務めた。このように、当時の旧津軽藩エスタブリッシュメント層は、西欧文明の象徴としてキリスト教の受容に積極的な関心を示していたことは特筆される。ちなみに津軽におけるリンゴ栽培の起源は、イングがアメリカのインディアナ州より西洋リンゴの苗を取り寄せたのが嚆矢とされる。

中田は東奥義塾在学中より本多の感化を受け、明治十八年頃に受洗し、伝道者として身を立てるべく翌十九年に上京、本多が学長として奉職する東京英和学校（のちの青山学院）神学部に入学する。しかし、中田は学業よりも渋川流柔術の修行に余念なく、明治二十四年に学業不良により退校処分となる。学長の本多は同郷の後輩である中田に深く同情し、メソジスト派伝道師の仮資格のみは授与されることになった。

中田が勉学に熱心ではなかった事情として、当時すでにキリスト教神学の世界では、高等批評（文献批判的な聖書学）や自由主義神学が主流になりつつあり、聖書を文字どおり神の言葉と捉える福音派に共感する中田にとっては、大いに不満があったことが指摘される。中田によれば、それらは神学ならぬ「死に学」であった。また中田に言わせれば、柔術への没頭は、伝道師たる者は進んで困難の中に身を投じなければならず、そのためには心身の力を養う必要があったからであり、同じ理由から伝道に必須の弁論術にはきわめて熱心であったという。

　その意味では、中田は日本のキリスト者には珍しい肉体派であり、実践派であったといえよう。退校後、中田はメソジスト派から北海道の小樽に派遣される。当時の小樽は荒くれ者の闊歩する漁港である。路傍伝道をすると弥次を飛ばす者が出てくる。中田はそれに辟易せず、むしろいっそうはげしく説教をする。手向かって来る者もあるが、得意の柔術で相手を投げ飛ばすという状態で、そのうちに中田に心服し、護衛をかって出る者も現れた。

　また、中田はみずから志願して千島列島のエトロフに伝道し、ここでも喧嘩の仲裁や行き倒れの救助など、献身的な活動で島民の信頼を得ている。こうした実績を評価され、明治二十七年、中田は正式に按手礼を受け、メソジスト派の宣教師として認められる。

　明治二十九年、中田はシカゴのムーディー聖書学院に留学する。この留学は、中田にとって人生の岐路となる二つの祝福をもたらすことになる。ひとつは、学院で行なわれたインドのダヴィッド牧師を迎えての集会で「聖霊を受ける」という超越的体験を得たこと、ひとつは、カウマン夫妻との出会いである。カウマン夫妻とはグレート・メソジスト・エピスコパル教会で出会い、意気投合し、やがて生涯の友となる。夫妻は本人には内密で学費の援助をすることになる。

　聖書学院の短期コースを終了した中田は、畜産運搬船に牛の世話係の職を得て、イギリスに渡り、メソジストの創始者ウェスレーの足跡を訪ね、また日本の福音派の源流のひとつである松江バンドの創始者であり、おりから帰国中のバークレー・バックストンの知遇を得て、明治三十一年に帰国する。

明治三十二年、中田はメソジスト派の巡回伝道師に任ぜられ、全国各地を巡回するが、すべての要請に応じきれないほどの人気を博した。中田を招いた教会はメソジスト派とはかぎらず、バプテスト、聖公会、組合教会と広範囲におよんだ。

同年、中田はメソジスト派を脱退し、超党派的な福音派のための受け皿として、「聖潔之友」を組織し、機関誌『焔の舌』を創刊する。その会則には「本会は各教会の内外の信者にして全き潔めを信じ、且つ再臨の主を待ち望む者の愛の結合にして、一宗派にあらず」とあった。

「全き潔め」とは、ホーリネスholinessの訳語であり、聖潔とも訳される。これは、神によって聖別され、とりわけられて浄められるということを含意する観念で、イギリスの神学者ジョン・ウェスレーに遡る。マルチン・ルターは、人間はキリストの贖いへの信仰を通じ、神によって義とされ、罪を許されるとした。神の側からいえば義認であり、人間の側からいえば回心である。ジョン・ウェスレーはこの立場を継承しつつも、それだけでは不十分であると考えた。回心による義認は神の恩寵であるが、それだけではまだ罪の根が人間の霊魂に宿っている。だが、この罪の根は、聖霊に満たされる「潔め」を経験することにより、切断されると説いたのである。いわば救いの二段階説であり、「第二の回心」という言葉も使われている。ウェスレーの神学はもっと多様な方向性を持ち、さまざまな読みを要求するものであるが、ごく単純に図式的にいうとそういうことになる。

ウェスレーにおいては、聖潔（ホーリネス）は、一方でキリスト者の生涯をかけての信仰的深化という奥行きをもった概念であったが、聖霊に満たされる体験というのは結局のところ、人間の霊的感覚に深く関わる体験であるにはちがいない。はたして十九世紀後半のアメリカで、ジョン・ウェスレーの流れをくむメソジスト派を母胎として、超越的体験としての「潔め」「ホーリネス」を強調する信仰回復運動（ホーリネス運動）が登場する。そこでは、聖化―聖潔《きよめ》は、時間をかけた修養的求道的な回心ではなく、「第二の祝福」とよばれる瞬間的かつ神秘的・超越的体験であることが強調され、そのような経験に導くための聖会という場が重視された。それは自由主義神学や奇蹟の実存的理解という、近代キリスト教の教養主義的な主流からこぼれおちた霊的なるものの復権でもあり、メソジスト派外のファンダメンタルな福音派を強く吸引し、汎宗派的な運動としてアメリカ・キリスト教史の一時代を画することになる。

　中田重治が、そして酒井勝軍が学んだムーディー聖書学院の創設者であるドワイト・ムーディーも、ホーリネスという観念が誘発した信仰覚醒運動の大きな波のなかで登場した大衆的伝道師であり、当時のムーディー聖書学院は、多かれ少なかれ霊的熱気の渦のなかにあった。

　中田と意気投合したカウマンも、ホーリネス的な第二の回心を経て、電信員ミッションと称される職域伝道団体を組織していたが、二人は中田の帰国後も頻繁に連絡を取りあい、明治三十四年（一九〇一）、カウマン夫妻は日本伝道の強い使命感をもって来日する。

　カウマンは、祈りのうちにマタイ伝の「汝らもぶどう園に行け、相当のものを与えん」という神の言葉を聞き、わずか二四〇〇ドルの献金を集め来日した。

明治三十四年四月、カウマンと中田は、東京神田神保町裏手の借家に「中央福音伝道館」の看板を掲げる。一日も休まず夜の伝道会を開き、昼間は伝道者養成のための聖書学校（のちに聖書学院）を開設し、明治三十六年には淡路町に大きな西洋館を買い受けるまでになる。

さらに、翌三十七年には、新宿柏木に百名の寄宿生を収容できる聖書学院の校舎が建設され、アジア各地からの留学生を受け入れるまでに発展し、また全国各地に聖書学院の卒業生によって伝道館が設けられるに至った。こうして、明治三十八年に東洋宣教会という名称のもとに新たな宗派形成への動きが芽生え、大正六年に正式な教団組織として東洋宣教会ホーリネス教会が創立され、中田が監督に就任する。

ホーリネス教会は急速な発展をとげた。それを支えたのは中田のカリスマ的な魅力、舌鋒するどく平易な説教、宣教のための卓絶した企画力と実行力であった。日本のキリスト教界には希有なアメリカ流の大衆伝道師であり、そのためキリスト教界の香具師と批判されたりもしたが、一方で中田は、被差別部落への伝道やハンセン氏病患者への献身的伝道と救済にも力を入れ、ホーリネス教会は当時の日本キリスト教界においてはかなり有力な宗派として認知されていくことになる。

事実、昭和七年当時において、教会数四〇〇、牧師数四〇三、会員数一九、五二三人という数字はけっして少ないものではなかった。また、昭和八年四月には中田夫妻が宮中観桜会に招待されていることからすると、社会的にも認知されていたのであろう。

そのようなホーリネス教会の絶頂期に、再臨信仰に関わる特異な内容を含む本書は刊行された。前述のように、ホーリネス運動はメソジストを母胎に誕生したが、メソジストにおいてはあまり強調されることのない「再臨」という信条をあわせもっていた。中田重治はホーリネス教会の四重の福音として「新生・聖化・神癒・再臨」を掲げている。

再臨という信条そのものは、あらゆるキリスト教宗派に共通するが、主流派においては実存的あるいは神話的な文脈として理解される傾向があるのに対し、聖書の無謬性を強調する福音派においては、実際にイエス・キリストが地上に再臨し、千年王国が到来すると解されることになる。

大正七年一月、中田は内村鑑三、木村清松とともに、神田ＹＭＣＡにおいて合同講演会「聖書の予言的研究会演説」を開催する。これをきっかけに毎回千数百の聴衆を集め、毎月のように集会が持たれるようになり、また霊的熱狂をおびて各地に広がるが、この動きの主導権は中田にあり、やがてインテリ肌の内村は離れていく。この大正期の再臨運動は、大正維新論を掲げた皇道大本の躍進期と時期的に重なり、そこには共通する時代背景があったことが窺われる。

実際、中田がふたたび再臨を過剰に強調しはじめた背景には、昭和六年の満州事変を契機とした国内的―国際的な激動期危機感が背景にあり、そうした時代状況のなかで本書は刊行されたのである。

中田は、昭和八年三月には、陸軍の安江仙弘の東中野メサイヤ会館での講演を援助し、また四月には安江の研究会でみずから講演するなど、キリスト教の枠をこえて日本ユダヤ同祖論グループと交流するに至るが、ホーリネス教会分裂の原因となったのは、日本ユダヤ同祖論そのものではなかったことは注意を要する。問題の焦点は、中田がユダヤ人、日本人という民族的集団単位の救済を説いた点にあった。

すなわち昭和八年八月十日の機関誌に掲載された「差し当たり解決すべき事」と題する論説において、中田は信徒に対し、主よ来り給えとの再臨の祈りを第一にし、再臨が明日に迫っているかのような生活態度を堅持すべきこと、さらに再臨が近い以上、十年二十年の長期的な計画は立てぬよう要求した。

これだけでもかなりの逸脱であったと思われるが、中田はさらに「使徒行伝」五章三十一節、「ローマ人への手紙」十一章二十五節、二十六節等を根拠に、救いの中心はユダヤ人の回復であること、ユダヤ人のために祈ることは、地上の千年王国の到来に際してユダヤ人が悔い改め、集団として救いに与るために必要な祈りであり、その祈りをする日本人は民族的に救われると説き、ホーリネス教会の教学部門である聖書学院の教授に対し、自説に対する同調を求めた。

だが、聖潔という超越的内的体験による個人の霊的救済を力説してきたホーリネス教会の伝統からすれば、民族的救いという中田の主張は明らかな逸脱であり、この点が極端な再臨切迫論以前に大いに違和感をもって迎えられた。

車田秋次をはじめとする聖書学院の五教授は、中田監督の方針は、創設以来の基本方針である伝道と個人的救いという救霊の軽視であり同意しがたいとし、教団の最高議決機関である総会を臨時招集し、中田の監督職解任を決議するが、一方で中田は監督の承認しない総会は違法であるとし、五教授を解任し、事態は全面対決の様相を帯びるに至る。

当時としてはかなり有力な宗派であったホーリネス教会のこのような内紛は、日本キリスト教界全体の問題として憂慮され、安倍義宗（青山学院院長）、赤沢元造（メソジスト教会監督）などの有力者が調停に努力し、昭和十一年十月に「和協覚書」が締結され、いわば円満離婚のようなかたちに落ち着くことになる。いずれの側にも思い入れがあるホーリネスの名称は避け、中田側は「きよめ教会」、五教授側は「日本聖教会」の名称のもとに別派として歩むことになるのである。

こうして中田重治は、みずから創始したホーリネス教会に分裂をもたらしたまま、三年後の昭和十四年九月二十四日、奇しくもカウマンの命日に生涯を閉じる。享年七十歳であった。

なお、昭和十六年六月の教会合同によって、日本聖教会は日本基督教団第六部、きよめ教会は同第九部となるが、ともに昭和十七年十一月、その再臨信仰を理由に国体否定・神宮冒涜の不穏結社とされ、結社禁止・教会解散・牧師長期拘置などの厳しい弾圧を受け、七名の牧師が殉教した。

中田重治の「イスラエルのために祈る」という教条は、聖書無謬論と再臨を強調するキリスト教福音派の文脈のなかではけっして孤立したものではない。きよめ教会の系列以外にも、今なお日本のいくつかのキリスト教セクトは、日本ユダヤ同祖論と抱き合わせになっているかどうかは別にして、「イスラエルのための祈り」を掲げている。

それらは日本においては少数派であり、現実的な影響力は皆無であるが、アメリカの宗教右派において同様の傾向が見られることは注目される。宗教右派に顕著な親イスラエル的言説は、中田と同じく聖書を根拠として、キリスト再臨の終末プログラムの前提として演繹されたものであり、しばしば

「イスラエルのための祈り」がよびかけられるが、それはきわめてリアルな政治力学として作動しているのである。

参考文献

米田勇『中田重治伝』(一九五九、中田重治伝刊行会)
山口幸子『ホーリネスの流れ』(一九九九、日本ホーリネス教団出版局)
B・ウィルソン『セクト』(一九七二、平凡社)

聖書より見たる日本

定価　二、四〇〇円+税

昭和八年一月一日　初版発行
平成二十一年四月三十日　復刻版発行
著　者　中田重治
発行所　八幡書店
東京都品川区上大崎二―十三―三十五
ニューフジビル二階
電話　〇三（三四四二）八一二九
振替　〇〇一八〇―一―九五一七四